David Behre

Sprint zurück ins Leben

Geschrieben von Carola Schöndube

Gütersloher Verlagshaus

*Für meine Eltern, meine Schwester Esther
und meine Lebensretterin Evelyn Mehlan.*

Don't dream it – be it!
The Rocky Horror Picture Show

Niemand passt heute mehr in ein einziges Leben.
Botho Strauß

*Man kann die Füße nicht auf den Boden setzen,
bevor man den Himmel berührt hat.*
Paul Auster

*Nur über den Umweg des Unglücks
können wir glücklich sein.*
Thomas Bernhard

Inhalt

Vorwort von Bettina Böttinger 7
Einleitung: Meine drei Leben 11

I. Heute:
Einige Eindrücke aus meinem neuen Leben 15
1. Behinderung beginnt im Kopf 16
2. Mein Ehrenamt als Mutmacher 23
3. Mit offenen Karten spielen, dann klappt's auch
   mit den Frauen! 28

II. Der Unfall 33
1. Der Tag, der mein Leben für immer veränderte 34
2. Die Lebensretterin:»Du wirst wieder laufen!«.................. 38
3. Meine Mutter blickt zurück: Ein einziger Albtraum 42
4. Mein Versuch, den Unfallhergang zu rekonstruieren 44
5. Zu den Akten gelegt: Aktenzeichen DB ungelöst 47

III. Vor dem Unfall:
Mein erstes Leben 51
1. Eine glückliche Kindheit: Multikulti in Meerbeck 52
2. In der Waldorfschule: Fürs Leben lernen 56
3. Mit Leidenschaft beim Motocross:
   Mit der ganzen Familie unterwegs 60
4. Wilde Zeiten mit 18: Rechtzeitig die Kurve gekriegt 63
5. Mein eigener Herr: Selbständig mit 20 69

IV. Nach dem Unfall:
Mein zweites Leben beginnt im Krankenhaus 71
1. Außer Lebensgefahr: Ich will leben und laufen! 72
2. Der Notarzt erinnert sich: »Das hätte tödlich
   enden können« 87

5

3. Die Physiotherapeutin blickt zurück:
»David ist für viele Amputierte ein großes Vorbild«............93

4. Im Tal der Tränen: Musik ist die beste Therapie................98

5. Ein schwerer, steiler Weg zurück ins normale Leben........101

6. Auf Prothesen über Stock und Stein – mit den Hunden..105

V. Profisport:
Mein drittes Leben..109

1. Mit Hightech-Federn im Spitzentempo zur Weltspitze....110

2. Der schnellste Europäer ohne Füße................................121

3. Meine Lieblingsstrecke: 400 Meter................................125

4. Mein Trainer:»David hat noch einige Reserven!«...........127

5. Eine eingeschworene Gemeinschaft:
Behinderung verbindet, auch im Sport............................133

6. Eine Operation gefährdet die Sportlerkarriere................136

7. Die größten Paralympics aller Zeiten:
Der Höhepunkt meiner Karriere....................................145

8. Mit Bronze im Gepäck nach Hause................................159

9. Zwei besondere Begegnungen:
»Auf Augenhöhe« mit der hohen Politik..........................161

10. Im Rampenlicht:
Wir brauchen prominente Aushängeschilder...................165

11. Gemeinsam ist man stärker: Freunde fürs Leben.............168

12. Auf dem Weg in die Zukunft: Techno-Doping................169

13. Zwei Sponsoren und ein Werbespot:
Profisport ist ein Fulltimejob...173

14. Die nächsten Paralympics fest im Blick:
Ich will Rio rocken!..176

15. Ein Job mit Aussicht: Botschafter in Sachen Inklusion.....181

16. Eine Herzensangelegenheit: Hilfe für Menschen in Not...182

17. Schwarzer Humor: Wenn anderen das Lachen vergeht....185

Zum Schluss: Das Leben ist ein wertvolles Geschenk.............187

Dank..189

Vorwort von Bettina Böttinger

Irgendwie hatte ich doch damit gerechnet, dass er anders geht, dass ich ihm anmerke: Er hat seine Beine verloren. Vielleicht merkt man ihm eine tiefe Ernsthaftigkeit an, denn das Schicksal hatte ihm einen Strich durch die geplante Lebensrechnung gemacht. Aber David Behre kam vor der Kölner Treff-Sendung durch den Flur auf mich zu wie ein ganz normaler junger Mann: strahlend, sportlicher Gang, freundliches Gesicht, leger angezogen. An den Füßen Sneakers. Aber eben nicht an den Füßen, denn die hat er nicht mehr. Sneakers an den Enden seiner Prothesen. Was mich sofort beeindruckte, war seine Freundlichkeit, war der Optimismus, den er ausstrahlte. Ein Energiebündel, eine Kämpfernatur, dachte ich bei mir, wie jeder Sportler, der ganz nach vorne will, sein muss.

Ich bin fasziniert von sportlichen Leistungen, selber sportbegeistert, und ich hörte ihm gebannt zu. Er erzählte von diesem schrecklichen Unfall, vom Glück des Überlebens, von der Faszination, wenige Tage nach dem Unglück Oscar Pistorius im Fernsehen laufen zu sehen und augenblicklich den Entschluss zu fassen: Das will ich auch! Ich will rennen, ich will siegen, auch ohne Beine. Ich will es allen zeigen.

Das muss man sich vorstellen: Er war gerade mit dem Leben davongekommen, hatte ein traumatisches Erlebnis hinter sich, seine Beine waren unterhalb der Knie abgetrennt, und er fällt nicht etwa in ein tiefes Loch, er ruft nicht einmal nach psychologischer Unterstützung, nein: Er sieht Pistorius im Fernsehen rennen und fasst einen Entschluss, einen neuen Lebensplan. Wie viel Kraft, wie viel Hoffnung fasste er in einem Moment, als das Leben ihn förmlich niederstreckte!

Und dann sagte mir David Behre noch etwas: Dass ihm nichts Besseres hätte passieren können. Dass er seine Beine gar nicht zurückhaben will. Das geht mir jetzt wieder durch den Kopf. Wohlwissend, dass sein Leben ein ganz anderes und wohl wirklich ein aufregenderes geworden ist, seit er all seine Kraft in den Sport investiert, an internationalen Wettkämpfen teilnimmt und mit dem Stück Raumfahrt an den Füßen, wie er seine Hightech-Prothesen einmal bezeichnet hat, viel schneller läuft als früher. Da war Sport auch ein wichtiger Faktor in seinem Leben, aber eben ein Freizeitspaß, Motocross.

Es ist sein eiserner Wille, denn das neue, aufregende, rekordhafte Leben hat er sich erkämpfen müssen. Die ersten Versuche, auf Prothesen zu gehen, müssen sehr schmerzhaft gewesen sein. Aber er erzählt lachend von den wackeligen Versuchen im Wald, an der Seite seiner beiden Hunde. Wie sehr haben seine Knie gelitten, als er zu rennen begann? David Behre, der nie aufgibt. David Behre, der ein klares Ziel hat: Brasilien 2016.

Aus dem früheren EDV-Fachmann ist ein Spitzensportler geworden, der als Vorbild stets Oscar Pistorius nannte. Die Welt ist gespannt auf den Ausgang des Prozesses. Bis zu der Nacht am 14. Februar 2013, in der Pistorius, aus welchen Gründen auch immer, seine Geliebte erschoss, schien der Südafrikaner ein Held zu sein, wie die Menschen sich Helden nun mal erträumen: Er bezwang sein Handicap, nichts schien ihn zu stoppen, der strahlende Siegertyp, der bei den Olympischen Spielen in London endlich sogar gegen Nicht-Behinderte laufen durfte. Er war reich und berühmt, gefeiert und verehrt und der Beweis, dass ein Behinderter alles kann. Vielleicht sogar irgendwann besser als ein Nicht-Behinderter.

Erfolg in der Leichtathletik fußt auf der Summe von Talent und Training. Beim sogenannten Behinderten-Sport kommt in erheblichem Maß die Technik dazu. So ist das Stück Raumfahrt an den Füßen auch für immer mehr Zuschauer ein besonderes Faszinosum und ein zunehmend wichtiger Faktor in der Sport-

Unterhaltungsindustrie. Die Diskussion über die zunehmende Technisierung des Behindertensports wird schärfer. Vorsprung durch Technik, früher der Werbespruch für eine Automarke, wird hier zur Vision eines Sports, der sich die Grenzen nicht länger von der körperlichen Leistung einschränken lässt.

Die persönliche Begegnung mit David Behre hat mich beeindruckt. Seine Zuversicht, sein Charme, seine Begeisterung, mit der er von seinem Sport und seinen Zielen erzählt. Dieser Mann ist dem Schicksalsschlag davongelaufen. Die Fotomontage, auf der er auf seinen Carbon-Prothesen den Zug auf Schienen abhängt, lässt niemanden kalt.

Der Mann, dem der Zug die Beine abtrennte, ist Profisportler geworden. Der Profisport ist eine harte Angelegenheit. Wenn David Behre heute sagt, er wolle seine Beine gar nicht zurück, dann wünsche ich ihm nicht nur für die nächsten Olympischen Spiele alles Gute und viel Glück, sondern auch, dass er seine Zuversicht, seinen Charme, seine Lebensfreude nicht den Zwängen, die auch den Leistungsgedanken im Behindertensport bestimmen, unterordnet.

Einleitung: Meine drei Leben

Eine Katze, sagt man, habe sieben Leben. Ich bin zwar keine Katze, aber mit meinen 27 Jahren stecke ich bereits in meinem dritten. Mein erstes Leben ging kurz vor meinem 21. Geburtstag mit einem Schlag zu Ende, als ich bei einem Unfall fast gestorben wäre und meine beiden Unterschenkel verloren hatte. Danach begann mein zweites Leben als Behinderter auf Prothesen. Nur ein Jahr nach meinem Unfall fing mein drittes Leben als Profisportler an.

Als ich vor sechs Jahren von einer Rangierlock erfasst wurde und wie durch ein Wunder überlebte, hätte ich in meinen kühnsten Träumen nicht im Entferntesten damit gerechnet, dass auf mich schon bald eine schöne und glückliche Zukunft warten könnte. In meiner ersten Verzweiflung dachte ich, dass mein Leben gelaufen sei. Doch als ich nach der Not-Operation aus der Narkose erwachte, war das Erste, das ich zu meiner Familie sagte: Ich will leben und laufen!

Der 8. September ist wie ein zweiter Geburtstag für mich, hätte ich doch damals zu 99 Prozent tot sein müssen. An diesem Tag rufen mich meine Eltern, meine Schwester und meine engsten Freunde an oder schicken mir eine SMS. Ich bin unsagbar froh, dass sie mich nicht auf dem Friedhof besuchen müssen, sondern mich stattdessen im Fernsehen erleben können.

Die Rückkehr in den normalen Alltag war schwer, aber ich habe niemals aufgegeben und mich mit eisernem Willen zurück ins Leben gekämpft. Im Rückblick kann ich sagen, dass mich mein Schicksal für den Verlust meiner Unterschenkel, all die Operationen und Schmerzen, Anstrengungen und Rückschläge belohnt hat. Heute laufe ich die 100 Meter auf meinen Rennprothesen in 11,66 Sekunden, halte den Europarekord auf 200 und 400 Meter und habe mittlerweile sieben Medaillen gewonnen.

Seit zwei Jahren kann ich dank meiner Sponsoren vom Sport leben. Damit ist für mich ein großer Traum in Erfüllung gegangen – schon als kleines Kind wünschte ich mir nichts sehnlicher, als Profisportler zu werden. Durch den Sport bin ich in Trainingslagern und bei Wettkämpfen auf fast allen Kontinenten gewesen, konnte fremde Länder und Kulturen kennenlernen und viel von der Welt sehen. Der Höhepunkt meiner bisherigen Laufbahn waren die Paralympics in London 2012: Vor ausverkaufter Kulisse, angefeuert von 80.000 begeisterten Zuschauern, sind wir behinderten Sportler stürmisch gefeiert worden. Als mir auf dem Siegerpodest eine Bronzemedaille umgehängt wurde, war ich am Ziel meiner Träume angekommen.

Ohne die Unterstützung meiner Familie und meiner Freunde, die immer an meiner Seite waren und mir Mut gemacht haben, hätte ich die schlimmste Zeit meines Lebens sicherlich nicht so gut bewältigen können. Auch wenn es sich vielleicht seltsam anhört, möchte ich heute meine Beine gar nicht mehr zurückhaben. In meinem neuen Leben auf Prothesen bin ich glücklich und zufrieden. Ich genieße jeden Tag und hoffe, dass das Ende meiner Karriere noch weit entfernt ist.

Ich war immer ein lebensfroher Mensch, aber heute bin ich selbstbewusster als vor meinem Unfall, als ich noch auf meinen eigenen Füßen gelaufen bin. Es dauerte einige Zeit, bis ich den herben Schicksalsschlag wegstecken konnte, aber von Anfang an bin ich ganz offen mit meiner Behinderung umgegangen. Heute gehört sie ganz natürlich zu meinem Alltag. Das Erste, was ich morgens mache? Ich ziehe die Prothesen an, so wie andere ihre Socken! Das Letzte, was ich abends mache? Ich ziehe die Prothesen wieder aus! So starke Schmerzen, dass ich sie auch nur einen einzigen Tag einmal nicht anziehe, kann ich gar nicht haben. Wenn ich auf Prothesen unterwegs bin, vergesse ich, dass ich amputiert bin oder dass mir etwas fehlt. Ich kann mit meinen Prothesen Auto, Fahrrad und Jetski fahren, gehe mit ihnen schwimmen und in die Sauna. Für mich sind das keine Hilfsteile, sondern einfach meine Beine – sie gehören zu mir.

Mit meinem Buch möchte ich anderen Menschen, die wie ich einen schlimmen Schicksalsschlag erlitten haben, Mut machen, niemals aufzugeben und den Glauben an sich selbst nicht zu verlieren. Wunder gibt es immer wieder – und ein Leben mit Behinderung kann genauso glücklich und schön sein wie ein Leben ohne Handicap!

I. Heute:
Einige Eindrücke aus meinem neuen Leben

1. Behinderung beginnt im Kopf

Nach einer Amputation bricht für jeden Menschen erst einmal mit einem Schlag die ganze Welt zusammen. Auch mir ist es damals nach meinem Unfall, den ich nur wie durch ein Wunder überlebt und bei dem ich meine beiden Unterschenkel verloren habe, so ergangen. Es gab so manchen Tag, an dem ich kurz davor war aufzugeben. Bis ich selbstbewusst mit meiner Behinderung umgegangen bin, war es ein langer, steiniger Weg mit vielen Rückschlägen. In dieser schlimmen Zeit braucht man Menschen, die sich um einen sorgen und die einen wieder aufbauen. Glücklicherweise haben mich meine Familie, meine Freunde, Ärzte und Therapeuten immer wieder motiviert und mir Mut gemacht. Hätte ich damals diese große Unterstützung nicht gehabt, wäre es für mich viel schwerer geworden, mit meinem Schicksal klarzukommen. Alleine hätte ich das alles nicht geschafft, das ist gar keine Frage.

Das Wichtigste, aber auch gleichzeitig Schwierigste, war für mich, meine Behinderung zu akzeptieren und zu lernen, offen mit ihr umzugehen. Wenn man sich erst einmal selbst akzeptiert hat, dann akzeptieren einen auch die anderen. Statt Mitleid schlägt einem dann Bewunderung entgegen – dafür, wie man sein Schicksal meistert. Bis heute habe ich als Behinderter kein einziges Mal schlechte Erfahrungen gemacht – nach meinem Unfall bin ich niemals diskriminiert worden.

Meistens sind es keine Vorurteile, sondern bloße Unsicherheit, die den Umgang mit uns Behinderten erschweren. Die Unsicherheit geht meistens von den Nichtbehinderten aus, die nicht wissen, wie sie sich uns gegenüber verhalten sollen. Kinder haben keine Hemmungen und trauen sich viel eher, mich direkt anzusprechen. Die schauen natürlich auch, sprechen darüber und kommen dann zu mir und wollen meine Beine anfassen. Sie sind neugierig und wollen wissen, wie sich so eine Prothese anfühlt. Leider werden Kinder oft von den Eltern verschämt weggezerrt. Dabei bin ich froh, wenn Kinder so reagieren; denn so lernen sie, damit unbefangen umzugehen und eine Behinderung als etwas ganz Normales zu betrachten. Ich würde mir wünschen, dass Eltern von ihren Kindern ein Stück Ungezwungenheit lernen und leichter mit mir ins Gespräch kommen.

Vor meinem Unfall habe ich mir nie große Gedanken über behinderte Menschen und das gemacht, was sie im Alltag leisten, geschweige denn mich für Behindertensport interessiert. Dabei leben in Deutschland rund 9,6 Millionen Menschen, die behindert sind. Bei 80 Millionen Einwohnern ist das immerhin fast jeder Achte! Doch wo sind all die vielen Menschen mit Handicap? In der Öffentlichkeit sind sie selten zu sehen. Da muss man sich nicht verstecken!

Jedes Jahr verlieren rund 60.000 Menschen durch eine Krankheit oder einen Unfall Gliedmaßen. Die meisten Fälle werden durch Diabetes und Durchblutungsstörungen, wie das klassische Raucherbein, verursacht. Meistens trifft es ältere Menschen, aber es gibt auch junge wie mich, die gerade dabei sind, im Leben durchzustarten und plötzlich einen Arm oder ein Bein verlieren. Die Zahl der Amputationen ist in den vergangenen Jahren gestiegen.

Direkt nach dem Unfall hatte mein Selbstwertgefühl erst mal einen riesigen Knacks bekommen. Das kam erst langsam wieder zurück, ich konnte nicht einfach den Schalter umlegen – und alles war wieder gut. Das war ein langer Weg, ich habe viele Stadien durchgemacht, mit Höhen und Tiefen. Es wäre schön, wenn alles reibungslos funktionieren würde, aber so ist das im wahren Leben nun mal nicht. Im Gegenteil. Ich musste mit viel Geduld lernen, Rückschläge wegzustecken und sie in etwas Positives umzumünzen, anstatt mich selbst zu bemitleiden und mich zu verstecken.

Mein Selbstbewusstsein wuchs, je offener ich mit meinem Handicap umging und mich in der Öffentlichkeit ganz normal mit meinen Prothesen bewegte. Von den Amputierten lernen nur rund fünf Prozent, sich »normal« auf Prothesen zu bewegen. Ich konnte schon nach drei Monaten richtig gut mit ihnen laufen.

Viele Dinge musste ich wie ein kleines Kind ganz neu lernen, zum Beispiel das Stehen und Laufen. Ich weiß nicht mehr, wie oft ich hingefallen und immer wieder aufgestanden bin und von vorne angefangen habe. Bloß nicht aufgeben! Das war damals meine Devise und ist es auch heute noch. Vieles funktionierte nicht gleich auf Anhieb, ganz ähnlich wie beim Erlernen des Fahrradfahrens. Der Vergleich mag seltsam wirken, doch es war wirklich so. Ich habe es immer wieder aufs Neue probiert, bis es schließlich geklappt hat. Scheitern gehört dazu, man darf sich bloß nicht unterkriegen lassen. Ich schaue nach vorn und nicht zurück. Eine gehörige Portion Optimismus gehört zu meiner charakterlichen Grundausstattung, sonst hätte ich wohl weder den Unfall noch die zahlreichen Operationen und Rückschläge wegstecken können.

Von Anfang an wollte ich mir beweisen, dass ich alles, was ich vorher konnte und als selbstverständlich hingenommen hatte, auch mit Prothesen schaffe. Von Schmerzen hatte ich mich nie abhalten lassen, ich habe einfach die Zähne zusammengebissen.

Einige Zeit nach dem Krankenhaus habe ich meine Wohnung komplett allein renoviert. Heute kann ich mit meinen Prothesen fast alles machen: ich kann vier Kästen Wasser auf einmal die Treppe hochschleppen, ich kann Auto, Jet-Ski und Wasserski fahren, ich gehe mit ihnen schwimmen und in die Sauna. Immer wieder ernte ich erstaunte und bewundernde Blicke. Viele finden es wahnsinnig, was ich alles mit meinen Prothesen machen kann und ziehen den Hut vor meiner Leistung. Das macht mich natürlich gewaltig stolz. Die Prothesen geben mir das Gefühl, nicht gehandicapt zu sein, weil ich mit ihnen alles machen kann, was Nichtbehinderte auch machen.

Bungee-Jumping ginge wohl nicht, zumindest nicht auf die übliche Weise, an den Füßen befestigt. Das würden meine Prothesen nicht aushalten, und ich würde auf dem Boden aufschlagen. Trotzdem will ich das unbedingt einmal machen, aber dann mit einem Hüftgurt. Es gibt immer Alternativen, auch das habe ich gelernt.

Durch den Profisport habe ich eine Menge an Selbstbewusstsein gewonnen. Heute bin ich selbstbewusster, als ich es je vor dem Unfall war; denn durch meine sportlichen Erfolge konnte ich mir und anderen etwas beweisen. Heute schauen manche, auch Nichtbehinderte, zu mir auf und wollen Autogramme von mir. Wenn man auf sein Bild eine Widmung schreibt, ist das ein unbeschreibliches Gefühl. Das hätte ich mir nicht erträumt, dass ich einmal so weit kommen würde im Leben. Ein Vorbild für behinderte und nichtbehinderte Menschen zu sein erfüllt mich mit Stolz, bedeutet aber gleichzeitig auch eine große Verantwortung. Durch den Sport habe ich mir und anderen bewiesen, dass ein furchtbarer Unfall nicht das Ende aller Träume sein muss, sondern dass das Leben weitergeht und man auch mit einer Behinderung Höchstleistungen vollbringen kann.

Ich hatte Glück im Unglück, schon dass ich damals überlebt habe, war ein Wunder. Ich hatte wohl gleich mehrere Schutzengel auf einmal. Mit meinem Leben, so wie es ist, bin ich mehr als zufrieden. Meine Beine will ich gar nicht mehr zurückhaben. Ich habe nach meinem Unfall Dinge gemacht, die ich sonst nie erlebt hätte. Mir standen Wege offen, die es vorher nicht gab. Niemals hätte ich damit gerechnet, dass mein Leben nach so einem tragischen Schicksalsschlag so eine positive Wendung nimmt. Auch wenn es makaber klingt, aber es hätte mir nichts Besseres passieren können. Ich bin ein rundum glücklicher Mensch – trotz Behinderung!

David Behre verkleidet und auf Sprintprothesen, bei einem Fotoshooting in der Schweiz 2013.

2. Mein Ehrenamt als Mutmacher

Weil ich nie vergessen habe, wie man mir damals nach meinem niederschmetternden Schicksalsschlag wieder auf die Beine geholfen hat, möchte ich anderen, die sich in einer ähnlich verzweifelten Situation befinden, etwas von der Hilfe zurückgeben, die ich von allen Seiten bekommen habe. Ich möchte ihnen eine Perspektive für ihr Leben als Behinderte geben und ihnen Mut machen, nicht aufzugeben. Wann immer es mein Zeitplan zulässt, besuche ich seit einigen Jahren regelmäßig Unfallopfer in der BG-Unfallklinik in Duisburg, wo mir damals das Leben gerettet wurde. Wenn ein frisch amputierter Patient auf der Station ist, ruft mich meine Physiotherapeutin Regine Stelzhamer an, und ich fahre los.

Die meisten Patienten sind erstaunt, wenn sie sehen, dass ich wie ein gesunder Mensch auf zwei Beinen in ihr Zimmer komme. Meine Behinderung sieht man mir im Alltag überhaupt nicht an. Viele sind völlig überrascht, wenn ich ihnen erzähle, dass ich keine Unterschenkel mehr habe. Nachdem ich meine Hosenbeine hochgekrempelt habe und sie meine Prothesen sehen, ist die Verblüffung darüber, wie gut ich mit ihnen laufen kann, groß. An meinem Beispiel können die Patienten mit ihren eigenen Augen sehen, was nach einer Amputation alles möglich ist. Auch für sie! Der Kopf ist das Allerwichtigste auf dem Weg zurück ins normale Leben: Bevor man sein Schicksal nicht akzeptiert hat, kommt man keinen entscheidenden Schritt weiter. Erst wenn man im Kopf mit der Behinderung klarkommt, kann man das Leben wieder mit beiden Händen anpacken und viel erreichen. Es muss einfach »klick« machen. Statt in Selbstmitleid zu versinken, muss man nach vorn blicken und sich neue Ziele setzen. Vielleicht ist mein Besuch für manchen Patienten genauso wichtig wie der von einem Psychiater oder einem Psychotherapeuten. Immerhin habe ich all das Elend, was sie durchmachen werden, selber erlebt und kenne ihre Verzweiflung, Ängste und Probleme nur allzu gut.

Ich gehe mit der Situation und der Amputation ganz offen um, nehme kein Blatt vor den Mund. Dazu gehört es auch, dass ich mit den Patienten über die Probleme und Hindernisse spreche, die auf jeden Amputierten zukommen. Und dass ich manchmal nach Rückschlägen auch kurz davor war aufzugeben, mich aber immer wieder aufgerappelt habe. Vor allem mache ich ihnen Mut, erzähle ihnen, dass das Leben auch mit einer Behinderung schön und glücklich sein kann. Oftmals habe ich erlebt, dass mein Beispiel für manche Patienten ein Ansporn war, wieder etwas positiver in die Zukunft zu sehen und ich es ihnen vielleicht ein Stück leichter gemacht habe, ihr eigenes Schicksal zu akzeptieren. Ich motiviere die Leute ganz unterschiedlich, zeige ihnen, dass auch sie nach der Reha wieder ein ganz normales Leben führen können. Es muss ja nicht jeder gleich wie ich Leistungssportler werden, aber Breitensport kann man in jedem Alter und mit fast jeder Behinderung machen, auf Prothesen oder im Rollstuhl. Durch den Sport kann man neue Kontakte knüpfen und Freundschaften schließen, wie es bei mir der Fall war.

Anderen Menschen Mut zu machen und ihnen eine Perspektive zu zeigen, ist ein wunderbares Gefühl. Das mache ich nicht nur mit großer Freude, sondern auch aus Dankbarkeit, weil mir die Ärzte und das Pflegepersonal in der BG-Unfallklinik und besonders Regine damals so viel gegeben haben. Davon kann ich durch meine Besuche etwas zurückgeben. Ich besuche die Patienten aus Überzeugung und Idealismus, nicht, um daraus Profit zu schlagen. Einmal bin ich nach Hessen gefahren, »nur« um eine Patientin zu besuchen. Sie wollte sehen, wie ich auf meinen Prothesen aussehe und mit ihnen klarkomme und von mir wissen, wie ich das alles geschafft habe.

Über das Thema Behinderung aufzuklären liegt mir sehr am Herzen. Häufig werde ich von großen Firmen und Ärzte-Vereinigungen eingeladen, um vor deren Mitarbeitern Motivationsreden zu halten. Im Profisport und im Arbeitsleben gibt es viele Parallelen. Dort erzähle ich, wie wichtig es für mich nach dem Unfall war, ein Ziel vor Augen zu haben und darauf hinzuarbeiten. Auch als Profisportler muss ich mich jeden Tag immer wieder aufs Neue zum Training und zu Wettkämpfen motivieren und ordne meinen sportlichen Zielen alles andere unter. Jeder kennt das Gefühl, manchmal keine Lust auf die Arbeit zu haben und mit dem Gedanken zu spielen, sich einen Krankenschein zu holen. Es gibt auch bei mir Tage, an denen ich keinen richtigen Bock habe und am liebsten im Bett liegen bleiben würde. Dann muss ich eben meinen inneren Schweinehund überwinden und trotzdem zum Training fahren. Man muss sich seinen Arbeitsalltag so weit wie möglich so gestalten, dass man jeden Tag gerne seiner Tätigkeit nachgeht. Mir macht der Sport so viel Spaß und hat mir so viel gegeben, dass ich fast jeden Morgen voller Freude und hoch motiviert aufstehe. Wenn ich ein Ziel, das ich vor Augen habe, verwirklichen will, muss ich bereit sein, eine Menge dafür tun.

In meinen Vorträgen erzähle ich auch, wie ich mich nach dem Schicksalsschlag motiviert und den großen Schritt zurück in ein normales Leben geschafft habe. Immer wieder hatte ich mit Rückschlägen zu kämpfen, immer wieder gab es Operationen, Schmerzen und Verletzungen, die mich zurückgeworfen haben – aber aufzugeben kam für mich nicht in Frage. Den Gedanken, alles hinzuwerfen, habe ich nicht ernsthaft zugelassen. Als ich den Profisport für mich entdeckt hatte, habe ich mich von den vielen skeptischen Stimmen, die mir entgegenschlugen, auch nicht von meinem Vorhaben abbringen lassen. Ich brenne für den Sport und bin meinen einmal eingeschlagenen Weg konsequent weitergegangen. Die Medaillen, die ich gewonnen habe, haben mir schließlich Recht gegeben. Egal, was auch passiert, man muss durchhalten, stark sein und sich weiter nach vorne kämpfen. Die beste Belohnung für alle Mühen sind die Erfolge, die man erzielt – im Sport wie im Arbeitsleben. Bei solchen Veranstaltungen sitzen nur selten Menschen mit einem Handicap im Publikum – und dann komme ich, behindert wie ich bin, und zeige ihnen Wege auf, wie man sich motiviert, um seine Ziele zu erreichen und sich nicht von Rückschlägen entmutigen lässt.

Was mir besonderen Spaß macht, sind Veranstaltungen mit Kindern und Jugendlichen. Seit ein paar Monaten engagiere ich mich für das spannende Projekt »P.A.R.T.Y.« am Klinikum Köln-Merheim. Das ist eines der weltweit erfolgreichsten Präventionsprogramme für Jugendliche zwischen 15 und 18 Jahren. Einen Tag lang können Schulklassen hautnah die Stationen eines Schwerverletzten miterleben: von der Notfall-Ambulanz, über den Schockraum, die Intensivstation und die Unfallchirurgie bis hin zur Physiotherapie. Ärzte, Rettungsassistenten, Krankschwestern und Pfleger stehen ihnen Rede und Antwort. Zum Abschluss erzähle ich, in kurzen Hosen, damit man meine Prothesen sieht, wie ich überlebt habe. »Survived« nennt sich mein Part in dem tollen Projekt. Erst halte ich einen kurzen Vortrag über meinen Unfall und die Zeit danach, wie ich es zurück ins normale Leben geschafft habe, aber auch über meine Probleme und Ängste, die ich erlebt habe. Danach werde ich mit Fragen regelrecht bombardiert, die Schüler wollen stets jede Menge wissen.

Vor einiger Zeit war ich in der Europaschule in Falkensee in Brandenburg zu Besuch und habe dort meine Geschichte erzählt. 50 Schüler der fünften und sechsten Klasse hatten sich im Internet informiert und löcherten mich mit Fragen. Auch die Lehrer waren völlig gebannt. Es war ein Riesenspektakel und hat mir unglaublichen Spaß gemacht. Danach musste ich jede Menge Autogramme schreiben – nicht nur für die beiden Klassen. Begegnungen mit Kindern und Jugendlichen sind immer wieder erfrischend, anfängliche Berührungsängste sind schnell aus der Welt geschafft. Vor Schulklassen möchte ich in Zukunft gerne öfter auftreten: Leichter lassen sich Hemmschwellen nicht abbauen.

Es ist mir wichtig, in der Öffentlichkeit etwas für behinderte Menschen zu bewegen, wie damals Oscar Pistorius. Ich möchte mit meinem Beispiel zeigen, dass man auch mit einer Amputation Spitzenleistungen erbringen und Sport auf einem hohen Level machen kann. Ich möchte andere Menschen mit Handicaps ermutigen, sich nicht zu verstecken, sondern mit ihrer Behinderungen offen umzugehen. Das heißt für mich zum Beispiel, dass ich in einer Badehose schwimmen gehe wie jeder andere auch. Natürlich werde ich oftmals angestarrt, aber ich habe gelernt, mit den Blicken umzugehen, und komme damit inzwischen gut klar. Schade finde ich, dass viele Leute sich nicht trauen, mich auf meine Behinderung und die Prothesen anzusprechen. Da ist viel Unsicherheit im Spiel. Die meisten Behinderten, die ich kenne, gehen mit ihrem Handicap ganz entspannt um, während die Nichtbehinderten häufig nicht wissen, wie sie sich verhalten sollen. Den meisten fehlt der Mut, mit uns ins Gespräch zu kommen.

In den Niederlanden, in England und in den skandinavischen Ländern sind behinderte Menschen viel besser in die Gesellschaft integriert als bei uns. In Deutschland muss sich für Menschen mit Handicap noch eine ganze Menge zum Positiven tun. Hierzulande gibt es im Alltagsleben noch viel zu viele Hindernisse, und von der vielgepriesenen Barrierefreiheit sind wir an vielen Stellen noch meilenweit entfernt! Da muss sich dringend etwas ändern!

3. Mit offenen Karten spielen, dann klappt's auch mit den Frauen!

Im Nachhinein bin ich froh, dass ich damals, als der Unfall passierte, keine feste Freundin hatte. Das hätte ich in jenen Tagen keiner Frau zumuten wollen. Zu der Zeit wäre eine Beziehung nur eine Belastung für mich gewesen. Als ich über dem Berg war und es mir im Krankenhaus wieder besser ging, hatte ich mir oft darüber den Kopf zerbrochen, wie schwer es wohl werden wird, ohne Füße eine Frau kennenzulernen. Immer wieder habe ich mir Gedanken gemacht, ob es bei mir, jetzt als amputierter Mann, überhaupt noch einmal in meinem jungen Leben mit einer Beziehung klappen wird.

Meine Sorgen lösten sich glücklicherweise in Luft auf; denn die Frauen, die ich nach meinem schweren Unfall kennenlernte, hatten und haben mit mir und der Tatsache, dass ich Prothesen trage, überhaupt keine Probleme. Bisher ist mir noch keine einzige Frau begegnet, die das irritierend fand – ganz im Gegenteil: Frauen akzeptieren mich so wie ich bin –, ich bin halt anders, quasi etwas Besonderes. Frauen sehen mich nicht als Mann, der keine Füße oder Beine mehr hat, sondern schätzen das an mir, was mich ausmacht. Sicherlich habe ich mich durch den Unfall sehr verändert. Die Tatsache, dass ich dem Tod nur um Haaresbreite entkommen bin und die vielen Rückschläge, die ich wegstecken musste, haben mich nicht nur stärker gemacht, sondern mich wohl auch in meiner Persönlichkeit reifen lassen. Schicksalsschläge bringen es nun mal mit sich, dass sie vieles im Leben umkrempeln und man dadurch geprägt wird. Auch mein Blick auf das Leben ist ein anderer geworden – ich lebe heute viel bewusster als früher und freue mich auf jeden neuen Tag.

Beim ersten Kennenlernen hängt viel davon ab, wie man selbst mit seiner Behinderung umgeht. Wenn man selbstbewusst auftritt und einer Frau das Gefühl gibt, dass die Prothesen etwas ganz Normales sind, dann wird sie sehr wahrscheinlich auch positiv auf die Offenheit reagieren. Wenn mich eine Frau interessiert, merke ich oftmals intuitiv, wie sie tickt und ob sie mit meiner Behinderung klarkommt. Mittlerweile habe ich ein ganz gutes Gespür dafür entwickelt, welche Frau ich ansprechen kann und welche vielleicht zu mir passen könnte. Das hat bisher immer ganz gut geklappt.

Mit einem leider immer noch recht weitverbreiteten Vorurteil möchte ich endlich für alle Zeiten aufräumen: nämlich, dass man mit einem Handicap auf Frauen nicht mehr attraktiv wirkt. Meine eigenen Erfahrungen sind bislang ganz andere gewesen. Der springende Punkt ist, wie offen und selbstbewusst man selbst mit seiner Behinderung umgeht. Die eigene Schüchternheit und Hemmungen, den ersten Schritt zu machen, sind oft größere Stolpersteine als ein fehlender Körperteil. Sein Handicap um jeden Preis zu kaschieren oder zu verstecken, bringt keinem etwas. Dann hat man selbst mit der eigenen Behinderung ein Problem, wenn man diese nicht akzeptiert. Ist man mit sich selbst nicht im Reinen, dann akzeptiert einen auch kein anderer Mensch.

Ich weiß, wie schwer es nach einem Schicksalsschlag, durch den man zum Behinderten wurde, ist, wieder erhobenen Hauptes durchs Leben zu gehen. Es braucht seine Zeit, bis das Selbstwertgefühl wieder da ist. Ich hatte sicherlich das Glück, durch meinen Sport viel selbstbewusster zu werden. Er hat mir ungemein dabei geholfen, offen mit meinen Prothesen umzugehen – wenn ich laufe, kann ich die Prothesen ja nicht verstecken. Im Alltag trage ich Jeans und Turnschuhe, da sieht man meine Prothesen nicht, und ich kann mit ihnen alles machen, was ich möchte. Einschränkungen habe ich keine. Somit kann ich selbst entscheiden, mit wem ich über mein Handicap spreche und mit wem nicht. Das ist schon ein großer Vorteil.

Nicht nur ich selbst muss selbstbewusst mit der Behinderung umgehen können, sondern auch meine Partnerin. Eine Frau muss damit klarkommen, dass ich in der Stadt oder am Strand in Shorts mit Prothesen herumlaufe. Bisher habe ich glücklicherweise noch keine Frau kennengelernt, die damit Probleme hatte. Vielleicht gehen Frauen damit auch insgesamt viel lockerer um als Männer.

Aus Gründen der Fairness sollte man vor dem ersten Sex über sein Handicap, wenn es vorher noch nicht aufgefallen ist, sprechen. Auch wenn man dies einem im Alltag nicht ansieht, ist es nicht gut, zu lange mit der Wahrheit hinterm Berg zu halten. Irgendwann muss die Wahrheit raus – und je eher, desto besser. Damit sind für beide Seiten die Verhältnisse geklärt. Lerne ich eine Frau näher kennen oder verliebe ich mich, dann sage ich ihr früh genug, dass ich keine Unterschenkel mehr oder meine Füße verloren habe. Und frage sie natürlich, ob sie das stört. Wartet man zu lange damit, über die Behinderung zu sprechen, wird die Angst davor, wie die Frau reagiert, nur immer größer und man selbst immer unsicherer. Außerdem sollte man der Frau (oder dem Mann) die Möglichkeit geben, sich frühzeitig auf diese Situation einzustellen. Ich warte nie bis zum letzten Moment, sondern spiele früh genug mit offenen Karten und sage, was Sache ist: »Ich bin doppelunterschenkelamputiert. Hast du ein Problem damit?« Erstaunlicherweise ist es mir danach noch nie passiert, dass mir eine Frau die kalte Schulter gezeigt hat.

Meine erste lange Beziehung nach dem Unfall hat natürlich auch einiges dazu beigetragen, dass ich selbstbewusster geworden bin, weil meine Freundin damit ganz normal umgegangen ist. Warum sollte es bei anderen Frauen nicht genauso locker sein? Nachdem diese Beziehung vorbei war, hat es andere Frauen gegeben, mit denen ich näheren Kontakt gehabt habe. Das ist als Single normal. Bis jetzt hat mir noch keine Frau einen Korb gegeben, weil ich behindert bin und keine Beine mehr habe. Die

Frauen, die ich kennengelernt habe, sind damit alle offen umgegangen und haben es mir leicht gemacht.

Entscheidend ist, dass man mit sich selbst im Reinen ist, dann kann man Frauen auch selbstbewusst ansprechen. Behindertsein entsteht im Kopf – und wenn man sich selbst so akzeptiert, wie man ist, und mit dem Handicap entspannt umgeht, gibt es auch keine Probleme mit der Sexualität und einer Beziehung.

Im Bett läuft es bei mir nicht anders als bei anderen auch. Sex und Liebe kann man als Behinderter genauso genießen wie als Nichtamputierter. Man ist ja trotz allem ein ganz normaler Mann! Da gibt es keinerlei Schwierigkeiten. Wenn man mit offenen Karten spielt, dann klappt es auch mit den Frauen!

II. Der Unfall

1. Der Tag, der mein Leben für immer veränderte

Moers am Niederrhein, Baerler Straße, an der achtgleisigen Glückauf-Schranke in der »Kolonie Meerbeck«, Samstag, 8. September 2007, in den frühen Morgenstunden, zwischen 5:00 und 6:00 Uhr.

Es dämmerte bereits, als ich fünf Tage vor meinem 21. Geburtstag frohgelaunt mit dem Fahrrad von einer Party auf dem Weg nach Hause war. Spät in der Nacht war ein guter Freund von mir nach einem Jahr aus den USA zurückgekommen, und das hatten wir ausgiebig mit ein paar Kumpels zusammen gefeiert. Wie immer, wenn ich aus der Moerser Innenstadt in unsere Meerbecker Siedlung kam, musste ich die Glückauf-Schranke, einen achtgleisigen Bahnübergang an der Baerler Straße, überqueren. Zu dieser frühen Stunde war noch keine einzige Menschenseele unterwegs. Ich war noch 400 Meter von meinem Elternhaus entfernt und freute mich schon auf mein Bett, um richtig auszuschlafen.

Am nächsten Tag wollte ich mit meinem Vater nach Holland fahren. Nach einer langen Pause wollte ich endlich wieder Motocross trainieren. Darauf hatte ich mich schon die ganze Woche gefreut. Vor vier Monaten hatte ich mir eine neue Maschine gekauft: eine Kawasaki KX 250 F, Baujahr 2007. Mit der wollte ich wieder im Motocross durchstarten und wie früher nationale und internationale Rennen fahren. Obwohl die Kawasaki mein ganzer Stolz war, war ich erst zweimal auf ihr gefahren. Vor lauter Arbeit bin ich nicht öfter zum Trainieren gekommen. Das sollte sich nun ändern. Ich war schon höllisch gespannt, wie sich meine neue Maschine im Gelände anfühlt. Für den Transport hatte ich sogar extra einen neuen Anhänger gekauft. Überhaupt lief in meinem Leben zu dem Zeitpunkt alles so richtig rund. Da ich auch beruflich Gas geben wollte, hatte ich vor kurzem eine Ausbildung zum Fachinformatiker begonnen.

Bester Stimmung radelte ich auf den achtgleisigen Bahnübergang zu – die Schranken waren oben. Ich weiß nicht, wie oft ich seit meiner Kindheit über den Bahnübergang Baerler Straße (Glückauf-Schranke) gelaufen oder gefahren bin. Es müssen viele tausende Male gewesen sein. Rechts und links entlang der Schienen wucherte dichtes Gestrüpp, auf der rechten Seite versperrten Lagerhallen die Sicht auf die Gleise. Kein Zug war zu sehen oder zu hören. Das Letzte, woran ich mich erinnere, war das Verkehrsschild: »80 Meter bis zum Bahnübergang«. Und daran, dass die Schranken geöffnet waren. Dann habe ich nur noch ein dumpfes Geräusch im Kopf, wie ein Schlag. Das war wahrscheinlich der Moment, als mich ein vorbeifahrender Zug bereits auf dem ersten Bahngleis voll erwischt hat. Auch meine eigenen Schreie habe ich noch im Ohr, aber keine Bilder. Die Erinnerung an das, was nach dem Zusammenprall passiert ist, kam auch später nie zurück. An das, was ich meiner Retterin Evelyn Mehlan im Schockzustand über den Zusammenprall gesagt habe, kann ich mich heute nicht mehr erinnern – so stark ist der Schutzmechanismus. Ich habe auch nie von dem Unfall geträumt. Was in den dramatischen Stunden danach passierte, ist nur ein einziges großes schwarzes Loch.

Drei bis vier Stunden später bin ich wieder zu mir gekommen. Ich lag auf dem Rücken mitten im Gestrüpp. Im ersten Moment war ich total orientierungslos. Ich wusste weder wo ich war noch was passiert ist. Ich habe am ganzen Körper gezittert, weil mir eisig kalt war, und ich fühlte mich furchtbar schwach. Immer wieder rief ich laut um Hilfe, doch niemand kam. Ich wollte aufstehen, aber das ging nicht. Ich sah an mir herunter. Überall war Blut – und meine beiden Beine unterhalb der Knie fehlten. Da waren nur noch zwei blutverschmierte Beinstümpfe. Im ersten Moment war ich völlig verzweifelt und dachte nur: Scheiße, jetzt bist du ein Krüppel! Ich schrie und schrie – aber niemand kam, um mir zu helfen. Schlagartig wurde mir klar, dass ich etwas unternehmen musste, um zu überleben, sonst würde ich an den Schienen elendig verbluten oder erfrieren. Ich wollte hier nicht mutterseelenallein sterben. Ich wollte nur eins: überleben! Egal wie! Das Einzige, was ich in dem Augenblick wusste, war, dass ich mich nur selbst retten konnte. Schmerzen hatte ich keine, ich spürte rein gar nichts. Ich hatte wohl riesige Mengen an Adrenalin ausgeschüttet. Die hätte man teuer verkaufen können.

Zuerst suchte ich nach meinem Handy, um meine Eltern anzurufen, konnte es aber nirgends finden. Es lag wohl auf den Gleisen herum. Mir war klar, dass ich jetzt einen kühlen Kopf bewahren musste – und hier weg musste, irgendwohin, wo man mich sehen konnte. Ich drehte mich auf den Bauch und robbte mit letzter Kraft auf meinen Ellenbogen über die spitzen Schottersteine den Bahndamm hoch. Ich wusste, dass es dort oben Häuser gab und Menschen, die mir helfen konnten. Hier musste mich doch endlich jemand hören. Immer wieder schrie ich um Hilfe – so laut wie noch nie in meinem Leben. Ich hatte nur noch diesen unbändigen Wunsch in mir verspürt: Bloß nicht sterben. Ich wollte nur weiterleben! Um jeden Preis. Alles andere war mir in dem Moment egal.

Wie aus dem Nichts tauchte plötzlich neben mir ein Mann auf. Er versprach mir, dass bald Hilfe käme. Im selben Moment sah ich, wie eine Frau über die Gleise auf mich zugeilt kam. Ihr Name war Evelyn Mehlan, wie ich später erfuhr. Sie hatte meine Schreie gehört; ihr Haus lag 150 Meter von der Unfallstelle entfernt. Schmerzen hatte ich auch jetzt nicht. Ich war so glücklich, dass endlich jemand kam, um mir zu helfen. Als sie sah, wie es um mich stand, wollte sie zu ihrem Mann laufen, um ihm zu sagen, dass er die Rettungskräfte alarmieren soll. Doch als ich feststellte, dass der Mann, der eben noch bei mir gestanden hatte, verschwunden war, hielt ich sie mit beiden Händen fest. Ich wollte nicht, dass sie auch noch weggeht. Ich hatte große Angst, dass noch etwas Schlimmes passiert. Ich wollte nicht allein sein, sie sollte bei mir bleiben.

Frau Mehlan rief ihrem Mann, der im nahegelegenen Garten war, zu, er solle Hilfe holen. Dann schaute sie sich meine Beine an. Sie hatte vor, meine Wunden abzudrücken, aber da wollte ich sie nicht ranlassen. Ich bat sie, mein Portemonnaie und mein Handy zu suchen, damit ich meine Eltern anrufen konnte. Ich musste ihnen doch sagen, dass mir etwas Furchtbares zugestoßen war und ich jetzt ein Krüppel bin. In diesem Moment war ich fürchterlich verzweifelt, ich wusste nicht, ob ich es schaffen würde zu überleben, oder wie mein Leben weitergehen sollte. Ich fühlte mich völlig wertlos – aber trotzdem wollte ich leben!

Immer wieder schoss mir derselbe Gedanke durch den Kopf: Ob meine Füße wohl noch zu retten waren? Ich bat Frau Mehlan, eine Tüte mit viel Eis zu holen und meine Füße zu suchen und sie dort hineinzupacken. Ich dachte, dass man meine Füße wieder annähen könnte, so wie man das auch mit abgeschnittenen Fingern macht.

Frau Mehlan suchte dann auch nach meinen beiden Füßen. Einen fand sie tatsächlich auf den Bahnschienen, aber der war so fürchterlich zermalmt, dass sie ihn liegen ließ. Davon hatte sie mir nichts erzählt, das habe ich erst später erfahren. Sie kam zu mir zurück und blieb einfach bei mir. Schmerzen hatte ich auch jetzt nicht verspürt.

Irgendwann trafen die Rettungskräfte mit Blaulicht ein. Zuerst kam eine Notärztin und gab mir eine Spritze. Danach war ich regelrecht abgeschossen. Ich war zwar noch ansprechbar und konnte antworten, aber nichts mehr im Kopf verarbeiten. Ich war irgendwie in einer anderen Dimension. Dann war auch schon der Hubschrauber da. Der Rettungsarzt gab mir eine Schmerzspritze. Was danach geschah, ist aus meiner Erinnerung komplett gelöscht. Wieder zu mir gekommen bin ich erst viele Stunden später, auf der Intensivstation der Berufsgenossenschaftlichen Unfallklinik Duisburg.

2. Die Lebensretterin: »Du wirst wieder laufen!«

Evelyn Mehlan war die Einzige, die auf Davids Hilfeschreie reagiert und ihm durch ihr beherztes Eingreifen wohl das Leben gerettet hat. Die 55-jährige Frührentnerin, die zwei Herzinfarkte überlebt hat, zögerte keinen Moment, als sie seine verzweifelten Rufe hörte. Nachdem David mit dem Rettungshubschrauber abtransportiert wurde, erlitt sie einen Schock und brach, mit ihren Kräften am Ende, zusammen. Evelyn Mehlan blickt zurück:

David hat Glück gehabt, dass ich ihn gehört habe. Es muss so gegen halb zehn Uhr morgens gewesen sein, als ich ihn gefunden habe. Normalerweise stehe ich um 8 Uhr auf und lasse die Hunde in den Garten. Aber ausgerechnet an diesem verhängnisvollen Tag haben mein Mann und ich etwas länger geschlafen als sonst. Während ich die Hunde rausließ, hörte ich zwar schon ein Geräusch, konnte es aber nicht richtig deuten. Es dauerte, bis mein Mann und ich realisierten, dass hier jemand immer wieder um Hilfe rief. Erst waren wir beide nicht sicher, was wir davon halten sollten, denn bei uns auf der Straße treiben Jugendliche öfter Schabernack oder Betrunkene krakeelen herum. Doch dieses Mal klang es, als wäre wirklich etwas passiert und als wenn ein Mensch in Not war. Immer deutlicher hörte ich die Hilferufe, die aus der Richtung des Bahndammes kamen. Ich bin durch den Garten nach hinten zu der Mauer an unserem Garten gerannt und hörte immer wieder verzweifelte Rufe: »Hilfe! Hört mich denn keiner? Hilfe!« Ich habe über die Mauer geguckt und gerufen »Hallo? Ist da jemand?« – »Ja, hier! Hilfe! Ich kann nicht aufstehen, ich hab keine Füße mehr!« Ich bin über die Mauer geklettert und zu dem jungen Mann hingegangen. Es war David. Er lag im Gebüsch. Erst habe ich nur seinen Oberkörper gesehen. Da waren nur ein paar Schrammen, sonst nichts. David sagte, er sei vom Zug erfasst worden und hätte keine Füße mehr. Das konnte ich im ersten Moment noch nicht selbst sehen, weil er mit seinem Unterkörper in den Sträuchern verborgen lag. Als ich nahe bei ihm war, habe ich gesehen, dass ihm beide Unterschenkel fehlten. Ich war sehr froh, dass ich kurz vorher beim Roten Kreuz einen Erste-Hilfe-Kurs gemacht hatte.

Ich habe zuerst gedacht, dass er sich vor den Zug geworfen hat. »Junge, was hast du nur gemacht?«, wollte ich von David wissen. David sagte sofort »Nein, ich wollte mich nicht umbringen. Die Schranke war offen, nicht einmal die Lichter waren an.« Ich habe ihm sofort geglaubt, weil die Bahnschranken ständig verrückt gespielt haben. Immer wieder haben sie nicht richtig funktioniert. Es gab schon Wochen vorher Probleme.

Ich wollte wieder ins Haus gehen, um Hilfe zu holen, aber David wollte mich gar nicht mehr loslassen. Er hatte entsetzliche Angst. Sein Gesicht war ganz blass, die Lippen blau und sein Körper eiskalt. Es war ja ein ziemlich kühler Septembermorgen. Ich habe die ganze Zeit mit ihm geredet, damit er bei Bewusstsein bleibt. Er ist immer wieder weggenickt, seine Pupillen haben sich verdreht. Ich dachte: Er darf jetzt auf keinen Fall einschlafen. Wenn er wach bleibt, dann überlebt er. Zuerst habe ich nachgesehen, wie stark er blutet und ob was abgebunden werden muss. Ich wollte ja nicht, dass der Junge verblutet. Er blutete zwar, aber es tropfte mehr. Die Lok hatte ihm wohl die Arterien zugequetscht, das war sein Glück. Ich habe meinem Mann, der im Garten war, zugerufen, dass er einen Krankenwagen und die Polizei alarmieren soll. Der hat sofort die Feuerwehr angerufen, die hat alle anderen Rettungsdienste alarmiert.

David hat mir noch erzählt, dass er mit Freunden in der Stadt gefeiert hatte. Er war mir sofort sympathisch mit seiner Offenheit und seinem Selbstbewusstsein, selbst in solch einer lebensbedrohlichen Situation. Seine Persönlichkeit habe ich sofort gespürt, trotz seiner großen Verzweiflung und seiner furchtbaren Verfassung. Was David noch sagte, war, dass er sich zuerst an der

Lokomotive festgehalten hatte, bis er abgerutscht war. Dabei wäre die Lok über seine Füße gefahren und hätte ihn mitgeschleift. An das, was danach geschah, konnte er sich nicht erinnern.

Seine Verzweiflung konnte ich mir gut vorstellen. Er hatte ja von dem Moment an, als er wach wurde, um Hilfe gerufen, aber niemand hat darauf reagiert. Als ich bei ihm war, standen viele Leute in ihrem Garten herum und haben zu uns herüber geschaut. Es waren mindestens zwölf Personen. Kein Einziger von ihnen hat geholfen. Die haben lediglich gesagt »Ach guck mal, da liegen wieder Besoffene in der Ecke«. Der Einzige, der bei der Feuerwehr angerufen hat, war mein Mann.

Irgendwann stammelte David: »Eis! Eis! Für meine Füße. Bitte, suchen Sie meine Füße!« Das habe ich dann auch gemacht. Einen habe ich gefunden, den anderen fand später die Polizei oder die Feuerwehr. Von seinem Fuß war allerdings nicht mehr viel übrig, da war kein Knochen mehr, den konnte man nicht mehr annähen. Man erkannte noch die Untersohle und die Zehen, aber alles andere war plattgefahren. Auf einmal kam mir ein junger Mann entgegen. »Gott sein Dank, endlich kommt noch jemand«, dachte ich. Ich sagte zu ihm, dass hier ein Mann liegt, dem die Füße abgefahren worden sind. Ich drehte mich um und zeigte in die Richtung, wo David liegt. Doch als ich mich wieder dem Mann zuwandte, war er plötzlich weg, und ich stand wieder alleine da.

Als ich wieder bei David war, ließ er den Kopf herunterhängen und verdrehte immer wieder die Augen, so dass man nur noch das Weiße sah. Ich habe auf ihn eingeredet und gesagt, dass er stark sein muss und Hilfe unterwegs ist. Er durfte auf keinen Fall das Bewusstsein verlieren, sonst würde er hier an den Gleisen sterben.

Ich wollte ihn nicht anlügen und habe ihm gesagt, dass mit dem Fuß, den ich gefunden habe, nichts mehr zu machen sei. David war völlig verzweifelt: »O Gott, jetzt bin ich ein Krüppel.

Meine Eltern haben jetzt einen Krüppel. Das kann ich ihnen nicht antun. Warum habe ich überlebt? Warum hat der mich nicht gleich totgefahren? Es wäre besser gewesen, ich wäre tot ...« Da habe ich mit ihm geschimpft: »Du bist noch so jung, Du hast noch fast dein ganzes Leben vor dir.« Ich selbst habe zwei schwere Hinterwand-Herzinfarkte hinter mir und weiß, was es heißt, Glück im Unglück zu haben. Ich bin jeden Tag froh, dass ich lebe. »Die Medizin kann heute so viel. Du wirst nicht im Rollstuhl sitzen, du wirst wieder laufen!«, machte ich ihm Mut. »Du wirst zwar nicht allein auf deinen eigenen Füßen stehen, aber auf deinen eigenen Beinen.« Daraufhin guckte er mich zum ersten Mal mit einem kleinen Lächeln auf den Lippen an. Um ihn wach zu halten, habe ich ihn nach seinem Leben gefragt. Als er mir von seiner Schwester erzählt hat, leuchteten seine Augen.

Die Zeit, bis die Rettungskräfte eintrafen, kam mir unendlich lang vor, aber mein Mann sagte mir später, es habe höchstens zehn Minuten gedauert. Als David dann von der Notärztin versorgt wurde, war ich am Ende meiner Kräfte. Ich konnte meine Tränen nicht mehr zurückhalten und bin völlig erschöpft zusammengebrochen. Ich war fix und fertig und hatte schreckliche Angst um David.

So ganz lässt einen so ein Erlebnis wohl nie mehr los! Bis heute plagen mich manchmal Albträume, in denen ich Davids Hilferufe höre. Und ich habe Schuldgefühle, weil ich ausgerechnet an diesem Tag nicht wie sonst eher aufgestanden bin. Dann hätte ich ihm früher helfen können, und er hätte nicht so lange da mutterseelenallein liegen müssen ... Aber am Ende zählt, dass er überlebt hat!

Monate später stand David mit seinen Eltern und einem riesigen Blumenstrauß vor meiner Tür. Ich habe ihn von oben bis unten angeguckt – er stand da, wie ich es ihm gesagt hatte, und er meinte, ich hätte recht gehabt: Er steht zwar nicht auf seinen eigenen Füßen, aber er steht – und er kann laufen. Das war einer der glücklichsten Tage in meinem Leben!

3. Meine Mutter blickt zurück: Ein einziger Albtraum

Nicht nur für mich war der 8. September 2007 der Tag, der mein Leben mit einem Schlag verändert hat. Auch für meine Eltern und meine Schwester war mein Unfall, den ich wie durch ein Wunder überlebte, ein traumatisches Ereignis. Meine Mutter erinnert sich auch heute noch an den verhängnisvollen Morgen, als wenn er gestern gewesen wäre:

Gegen zehn Uhr war ich mit Esther zusammen im Badezimmer. Vom Fenster aus haben wir den Rettungshubschrauber gehört und gesehen – er flog recht tief direkt über unsere Siedlung hinweg. Wir hatten uns nichts dabei gedacht. Dann klingelte das Telefon – ein Freund von David war am Apparat und fragte, ob unser Sohn schon wach wäre. Ich ging in Davids Zimmer um nachzusehen – sein Bett war leer. Mir wurde schlagartig schlecht, plötzlich erinnerte ich mich, dass David gestern Abend, bevor er aus dem Haus ging, sagte, dass er wohl bei einem Freund übernachten wolle. Mit aller Macht kämpfte ich gegen die Panik an, die mich überkam. Ich rief die umliegenden Krankenhäuser an, ob David dort eingeliefert worden ist. Doch dort war nichts bekannt. Meine Angst wurde immer schlimmer. Als Nächstes rief ich im Polizeipräsidium in Moers an und meldete, dass unser Sohn in der vergangenen Nacht nicht nach Hause gekommen war. Der Beamte vertröstete mich und versprach, sich bei uns zu melden, wenn er etwas erfahren sollte. Mittlerweile lief bei uns dreien alles wie im Film ab – wie in einem einzigen, nicht enden wollenden Horrortrip.

Kurze Zeit später klingelte es an der Tür, davor stand ein Polizeibeamter, der uns mitteilte, dass unser Sohn einen schweren Bahnunfall gehabt hatte. Er sei außer Lebensgefahr, aber ihm wären beide Beine abgetrennt worden. Ein Albtraum, ich höre noch heute meine Schreie. Mein Mann, meine Tochter und ich machten uns sofort auf den Weg nach Duisburg, zum Krankenhaus, in das David kurz zuvor mit dem Rettungshubschrauber geflogen worden war.

Als wir in der BG-Unfallklinik ankamen, war David noch immer im OP. Die Zeit schien stehen geblieben zu sein. Wie wir die lange, qualvolle Wartezeit überstanden haben, weiß ich nicht mehr. Es waren die schlimmsten Stunden unseres Lebens. Wir wussten zu diesem Zeitpunkt nicht, ob unser Sohn durchkommt und überlebt. Erst gegen 14 Uhr durften wir endlich zu ihm auf die Intensivstation. Den Anblick werde ich niemals in meinem Leben vergessen: Da lag mein Sohn, eingepackt in eine Wärmedecke, wachsbleich im Gesicht, an zahlreiche Schläuche angeschlossen. Am schlimmsten zu ertragen war, dass er so stark zitterte, dass das Bett gewackelt hat. Esther war draußen geblieben, sie hatte Angst davor, ihren Bruder nach der Not-Operation zu sehen.

Am Nachmittag kamen zwei Polizeibeamte bei uns zu Hause vorbei – eine Frau und ein Mann. Sie stellten uns merkwürdige Fragen, zum Beispiel: Ob David öfter über die Gleise gelaufen wäre? Völlig absurd! Erst später, als wir Einblick in die Polizeiakte bekamen, konnten wir lesen, was wir damals, als wir drei uns im völligen Ausnahmezustand befunden hatten, angeblich zu den beiden Polizisten gesagt hätten. Wir konnten es einfach nicht fassen, was uns da in den Mund gelegt wurde! Zum Glück hatten die Nachfragen der Polizei keine Folgen.

4. Mein Versuch, den Unfallhergang zu rekonstruieren

Was sich in den dramatischen Stunden vor meiner Rettung abgespielt hatte, erfuhr ich erst von meinen Eltern im Krankenhaus, nachdem ich außer Lebensgefahr war. Meine Erinnerungen an den Zusammenprall mit dem Zug und was danach passierte, sind bis heute vollkommen aus meinem Gedächtnis ausgelöscht. Ich bin froh, dass ich keine schrecklichen Bilder von dem Unfall im Kopf habe. Dass ich mich an das traumatische Ereignis nicht erinnern kann, wäre eine normale Schutzreaktion des Körpers, meinten die Ärzte später.

Mein Wettlauf mit dem Tod an der Glückauf-Schranke könnte aus einem Drehbuch stammen: An dem verhängnisvollen Morgen, als ich auf die geöffnete Schranke zugeradelt bin, stand der Wind offenbar so ungünstig, dass ich die Geräusche der herannahenden Bahn nicht hören konnte. Da die Schranke oben war, konnte ich nicht damit rechnen, dass ein Zug kommt. Auf der rechten Seite versperrten Lagerhallen und hohes, dichtes Gestrüpp zudem die Sicht auf die Lok. Bei den Menschen unserer Siedlung hat der Name »Glückauf-Schranke« eine doppelte Bedeutung: Es heißt, dass man Glück hat, wenn die Schranken mal auf sind. Was für ein perfider Streich des Schicksals!
Der Unfallhergang konnte nie exakt rekonstruiert werden, weil nach dem Zusammenprall mit der Rangierlok mehre Züge an der Unfallstelle vorbeigefahren sind. Das hat die Spurensicherung sicherlich erschwert.

Schon auf dem ersten Gleis wurde ich auf meinem Fahrrad mit voller Wucht von einer Rangierlock erwischt, die von rechts kam. Den Aufprall und meine gellenden Schreie hatte niemand gehört, weder Passanten noch Anwohner an der Glückauf-Schranke. Auch der Lokführer hat angeblich nichts mitbekommen. Bei dem Zusammenstoß habe ich das Bewusstsein verloren. Ohnmächtig wurde ich von der Lok mehrere Meter mitgeschleift Am ganzen Körper hatte ich Schürfwunden und Prellungen, vor allem am Rücken und Becken, und ein Ellenbogen war von dem Schotter bis auf den Knochen aufgerissen. Auch an meinen Turnschuhen fand man später Schleifspuren. Mein Handy und mein Portemonnaie lagen verstreut am Bahndamm; beides war wohl bei dem Zusammenprall aus meinen Hosentaschen gefallen.

Nach hundert Metern geriet mein rechter Unterschenkel unter die Räder, 40 Meter weiter wurde auch der linke abgetrennt. Mein Fahrrad, das vorne vom Zug überrollt wurde, blieb auf den Gleisen liegen. Eine Zeitlang – darauf deutet alles hin – konnte ich mich wohl an der Lok festklammern, bis ich keine Kraft mehr hatte und losließ. Ich rutschte die Böschung am Bahndamm hinunter und blieb dort, noch immer bewusstlos, in einem Dornbusch neben den Gleisen liegen, ungefähr 150 Meter von der Glückauf-Schranke entfernt. Was ich in meinem Unterbewusstsein, während ich ohnmächtig war, wohl noch wahrgenommen habe, waren Geräusche vorbeifahrender Züge.

Die Polizei fand später nach 126 Metern meinen rechten Fuß, eingeklemmt in einer Weiche, und nach 143 Metern den linken Fuß, an der Verschraubung eines Schienenstrangs. Die Rangierlok hatte meine Füße und Unterschenkel regelrecht zermalmt. Meine abgetrennten Füße wurden eingesammelt, ins Krankenhaus gebracht und dort im organischen Abfall entsorgt. Ich hätte sie auch gar nicht mehr sehen oder gar später symbolisch bestatten wollen. Ich hatte damals ganz andere Sorgen.

Dem Tod bin ich wohl nur um Haaresbreite entronnen. Gut drei Stunden lang lag ich, bewusstlos und lebensgefährlich verletzt, bei acht Grad Außentemperatur auf dem eiskalten Schotter. Wegen der starken Unterkühlung tendierten meine Überlebenschancen gegen Null. Hätte ich noch länger in der Kälte gelegen, wäre ich wohl erfroren. Mein Körper konnte gerade noch die grundlegendsten Funktionen aufrechterhalten. Sicherlich hat mir auch geholfen, dass ich körperlich robust war: Ich war schon immer äußerst sportlich.

Erstaunlicherweise hatte ich nur wenig Blut verloren. Die Lok war so schwer, dass sie mir die Unterschenkel ziemlich glatt abgequetscht hat. Glücklicherweise haben sich meine Bein-Arterien wohl recht schnell verschlossen, ansonsten wäre ich verblutet. Dass ich überlebt habe, nannten die Ärzte später ein medizinisches Wunder. Zu 99 Prozent hätte ich tot sein müssen. Ich muss wohl gleich mehrere Schutzengel auf einmal gehabt haben.

Nachdem ich mit dem Rettungshubschrauber abtransportiert worden war, ist meine Lebensretterin zusammengebrochen; sie ist einfach umgekippt. Frau Mehlan ist über sich hinausgewachsen, als sie sich aufopferungsvoll um mich gekümmert hat. Obwohl sie zwei Herzinfarkte überlebt hatte, zögerte sie keine Minute, mir zu helfen. Ohne an sich selbst zu denken, ist sie über den Zaun in ihrem Garten gesprungen und zu mir gekommen. Ich werde ihr immer dankbar sein, dass sie mich gefunden hat und mir als einzige Nachbarin so selbstlos geholfen hat. Frau Mehlan war zu diesem Zeitpunkt genau die richtige Person, die ich in der dramatischen Situation gebraucht habe. Ohne sie hätte ich es wohl nicht geschafft zu überleben!

Nachdem ich außer Lebensgefahr war, haben meine Eltern als Erstes überall nach Frau Mehlan gesucht, um sich bei ihr zu bedanken, dass sie sich um mich gekümmert hat. Meine Eltern wussten anfangs noch nicht einmal, wer sie war und haben dann auf der Straße nach ihr gefragt und sie so gefunden.

Der 8. September 2007, der Tag, an dem ich nur knapp dem Tod entronnen bin, hat sich fest in mein Gedächtnis eingebrannt. Doch nicht nur an diesem Datum denke ich an den verhängnisvollen Unfall zurück – zutiefst dankbar, dass ich am Leben bin.

5. Zu den Akten gelegt: Aktenzeichen DB ungelöst

Der Hergang und die genauen Umstände meines Unfalls konnten nie genau aufgeklärt werden: Lange wurde ermittelt – ohne befriedigendes Ergebnis. Die genauen Ereignisse, die sich an der Glückauf-Schranke abgespielt haben, bleiben wahrscheinlich für immer im Dunkeln verborgen. Mit der Tatsache, dass das Verfahren als nicht zu klärender, tragischer Unglücksfall eingestellt wurde, habe ich mich mittlerweile mehr oder weniger abgefunden. Ich habe den Unfall auch deshalb für mich abgehakt, weil ich darauf keine Energien mehr verschwenden möchte. Die kann ich für meinen Sport und andere Dinge besser gebrauchen.

Letztendlich steht nach wie vor meine Aussage zum Ablauf des Unfalls gegen diejenige der Niederrheinischen Verkehrsbetriebe AG (NIAG), denen das erste Gleis, auf dem ich von der Ranglierlok erfasst wurde, gehört. Ich erinnere mich noch ganz genau daran, dass die Schranken geöffnet waren, sonst wäre ich nicht auf meinem Fahrrad über den Bahnübergang gefahren. Die Betreiber der Deutschen Bahn hingegen beteuerten damals, dass die Schranken geschlossen gewesen sind. Das konnte aber nie nachgewiesen werden.

Waren die Schranken offen, wäre das ein großer Imageschaden – sowohl für das Moerser Verkehrsunternehmen als auch für die Deutsche Bahn, der die sieben anderen Gleise gehören. Weder die NIAG noch die Deutsche Bahn haben sich jemals erkundigt, wie es mir geht.

Die erste Zeit, als es mir noch sehr schlecht ging, haben meine Eltern alles, was mit dem Unfall zusammenhing, von mir ferngehalten, um mich zu schonen. Da sind schon absurde Sachen abgelaufen. Erst viel später haben sie mir erzählt, dass sie wegen der an sie gestellten Fragen den Eindruck gewonnen hatten, dass die Polizei versucht hat, mir die Schuld in die Schuhe zu schieben und auch in Richtung Selbstmord ermittelt hatte: Ob ich über die Schranken geklettert und sitzend oder schlafend von dem Zug erfasst worden wäre. Einer der Ärzte, der mich mehrmals operiert hat, sagte einem Polizisten, dass die Amputationshöhe und meine anderen Verletzungen – mein Rücken und mein Becken hatten von den Schottersteinen deutliche Schürfwunden und ein Ellbogen war bis auf den Knochen aufgeschlitzt – nicht zu der Selbstmordversion passen würden. Die Art der Verletzungen würde darauf hindeuten, dass ich von dem Zug mitgeschleift worden bin.

Was ich bis heute nicht verstehen kann, ist, dass mich während der elf Wochen, die ich im Krankenhaus lag, dort nicht ein einziges Mal ein Polizist besuchte und sich erkundigte, wie es mir geht. Der Einzige, der in dieser Zeit bei mir vorbeikam, war ein Gutachter gewesen, der untersuchte, ob ich überfallen und von Dritten auf die Schienen gelegt worden war. Was nicht der Fall war. Das erste und einzige Mal, dass mich die Polizei vernommen hat, war Ende November 2007, als ich längst aus dem Krankenhaus entlassen war. Zusammen mit meinem Vater und meiner Rechtsanwältin war ich bei dem zuständigen Ermittler auf der Polizeihauptwache Kamp-Lintfort. Eigentlich hätte ich auf der Moerser Dienststelle vernommen werden müssen, aber ich saß zu diesem Zeitpunkt noch im Rollstuhl und das Gebäude war nicht barrierefrei. Der Polizeibeamte war spürbar verstimmt, weil ich meinen Rechtsbeistand mitgebracht hatte. Was gut war; denn bei meiner Vernehmung wurde ich auch prompt gefragt, ob ich über die geschlossene Schranke geklettert wäre. Ein vollkommen absurder Gedanke! Wären die Schranken unten gewesen, hätte ich mir mein Fahrrad unter den Arm klemmen und damit über die Schranken klettern müssen. Die Selbstmordspekulationen wurden dann auch irgendwann fallen gelassen. Für die Bahn und die NIAG wäre das wohl die bequemste Lösung gewesen.

Irgendwann haben mir meine Eltern auch erzählt, dass – laut Aussage eines Bekannten mit Kontakt zu Bahn-Mitarbeitern –

die Deutsche Bahn anfangs erwogen hat, mich wegen gefährlichen Eingriffs und Behinderung des Bahnverkehrs auf Schadenersatz verklagen wollte, weil die Strecke für einige Stunden komplett gesperrt werden musste. Nachdem ich mit dem Rettungshubschrauber abtransportiert worden bin, musste der Unfall von der Polizei aufgenommen werden, und auch die Spurensicherung war lange vor Ort.

Strafanzeige wurde nie erstattet. Allein die Idee, mich juristisch zu belangen, fand ich schon makaber. Kurze Zeit hatte ich darüber nachgedacht, die Deutsche Bahn meinerseits auf Schadenersatz zu verklagen. Doch da meine Rechtsanwältin meinte, ein derartiges Zivilverfahren würde sich über viele Jahre hinstrecken und dazu sei der Ausgang eine unsichere Sache, habe ich darauf verzichtet. Für solch einen ungewissen Prozess wollte ich meine Kraft nicht verschwenden und habe stattdessen meine Energie lieber in mein Leben und meine Zukunft gesteckt.

Merkwürdig war auch, dass mich der Lokführer, der mein zerquetschtes Fahrrad vom Gleis entfernte, weil es eine Weiche blockierte, nicht entdeckte. Dieser Mann war übrigens nicht der Lokführer, der mich mit seinem Zug überrollt hatte. Während ich, nur 50 Meter von meinem Fahrrad entfernt, schwerverletzt im Gebüsch lag, leuchtete er die nähere Umgebung mit einer Lampe ab. Warum hat er mich nicht gesehen? Überall an dem Bahndamm verstreut lagen auch meine Sachen herum: meine beiden abgetrennten Füße, meine Schuhe, Handy und Portemonnaie. War sein Suchradius so klein, dass er nichts gesehen hat?

Seltsam war auch, dass eine Woche nach meinem Unfall großangelegte Bauarbeiten rund um die Glückauf-Schranke und den Bahnschienen anfingen: Drei Wochen lang wurde dort alles gründlich auf den Kopf gestellt: Alle Lagerhallen wurden abgerissen und sämtliche Sträucher entfernt. An dem Gleis der NIAG wurden, wie normalerweise überall an den Schienen üblich, elektronische Warnsysteme installiert, die vorher nicht da waren. Schon lange war die Glückauf-Schranke bei den Anwohnern regelrecht verhasst, weil sie oftmals nicht funktionierte und die Schranken oben waren, wenn Züge durchgefahren sind. Das hat mir die Anwohnerin Evelyn Mehlan bestätigt.

Nach meinem Unfall haben meine Eltern mehrmals anonyme Anrufe bekommen; gemeldet hat sich nie jemand. Irgendwann hat meine Mutter ins Telefon gesagt »Dem David geht es gut.« Danach haben die Anrufe plötzlich aufgehört. Vielleicht wollte jemand nachfragen, wie es mir geht, hat sich aber nicht getraut. Zwei Jahre nach meinem Unfall hat sich an der gleichen Stelle eine Frau auf die Schienen gelegt und wurde totgefahren.

Unterbliebene Hilfeleistung

Später habe ich erfahren, dass nicht nur Frau Mehlan und ihr Mann meine Hilferufe gehört haben, als ich aus der Ohnmacht wieder zu mir gekommen bin. Während ich hilflos neben den Gleisen lag und mit letzter Kraft um Hilfe geschrien habe, waren mehrere Anwohner in ihren Gärten. Sie haben nichts getan, nur geglotzt und dumme Sprüche über Betrunkene abgelassen. Noch heute werde ich wütend, dass von denen kein Einziger gekommen ist, um mir zu helfen. Ich weiß nicht, was sich die Nachbarn von Frau Mehlan dabei gedacht haben, als sie nicht reagiert haben. Sie konnten nicht wissen, dass ich in Lebensgefahr war, aber nachschauen wollten sie auch nicht. Es ist schockierend, wie wenige Menschen den Mut haben, zur Tat zu schreiten, wenn es richtig ernst wird.

Mittlerweile überquere ich den Bahnübergang relativ emotionslos. Aber es vergeht kein einziges Mal, dass ich an der Glückauf-Schranke nicht nach rechts schaue, in die Richtung, aus der die Rangierlok, die mich erfasst hat, gekommen ist. Danach geht mein Blick immer nach links, an den Schienen entlang, bis zu der Stelle, wo ich damals gelegen habe. Ungefähr 150 Meter von den Schranken entfernt.

III. Vor dem Unfall: Mein erstes Leben

1. Eine glückliche Kindheit: Multikulti in Meerbeck

Ich stamme aus einer waschechten Pädagogenfamilie – nur ich tanze aus der Reihe. Sowohl meine Eltern als auch meine Schwester sind Pädagogen. Dementsprechend habe ich von klein auf von meinem Elternhaus eine Portion soziale Kompetenz mit auf meinen weiteren Lebensweg bekommen. Mit meiner Kindheit verbinde ich viele schöne Erinnerungen. Auch wenn ich mittlerweile seit mehr als vier Jahren in Leverkusen lebe, ist Moers meine Heimat geblieben. Meine Eltern, meine Schwester Esther und meine besten Freunde leben noch immer dort.

Bei meinen Eltern war es Liebe auf den ersten Blick. Kennengelernt haben sich die beiden 1984 über die Arbeit, auf einer Dienstreise. Meine Mutter Brigitte war die Chefin, mein Vater Matthias der Zivi. Auf einer Ferienfreizeit in Schweden funkte es zwischen den beiden, und nur vier Monate später waren sie verheiratet. Von Anfang an waren meine Eltern sich darüber einig, dass sie möglichst bald zwei Kinder haben wollten, am liebsten einen Jungen und ein Mädchen, wenn möglich, beide kurz hintereinander.

Auch die Namen standen für beide schon fest: Ihre zukünftigen Kinder sollten David und Esther heißen. Der Plan für den Familienzuwachs wurde auch gleich konsequent in die Tat umgesetzt. Am 9. September 1985 kam meine Schwester zur Welt. Esther war ein total ausgeglichenes und ruhiges Baby; die konnte man hinlegen, wo man wollte, sie schlief einfach überall. Ein Jahr später, am 13. September 1986, wurde ich geboren. Wie mir später erzählt wurde, war ich eine Bilderbuchgeburt ohne Schmerzen. Morgens um fünf fingen bei meiner Mutter die Wehen an, vier Stunden später war ich schon auf der Welt. Ich habe es von Anfang an eilig gehabt – das ist bis heute so geblieben.

Für meine Eltern stand von Anfang an fest, dass Esther und ich keine fremde Betreuung bekommen sollten. Nach Esthers Geburt blieb mein Vater zu Hause, und meine Mutter ging zur Arbeit. Nach meiner Geburt tauschten sie die Rollen. Im Gegensatz zu Esther hielt ich meine Eltern von Anfang an ganz schön auf Trab und machte schon als Neugeborenes die Nächte durch. Geschlafen habe ich tagsüber, und nachts war ich putzmunter. Mit anderthalb wollte ich nachts überhaupt nicht mehr im Bett liegen, sondern aufbleiben. Also saßen meine Eltern abwechselnd hundemüde bei mir, während ich munter und vergnügt mit meinen Sachen spielte und Esther nebenan brav schlief. Von Anfang an waren Esther und ich sehr unterschiedlich, trotzdem sind wir ein Herz und eine Seele. Meine Schwester war schon immer die Vernünftigere von uns beiden, was sich bis heute nicht geändert hat. Ich krabbelte eher und habe alles in den Mund genommen, Esther hat es aufgehoben und weggeräumt. Später brachte sie mir meine Flasche und entsorgte meine schmutzigen Windeln im Müll. Sie war schon immer sehr hilfsbereit.

Aufgewachsen sind wir beide in einer Bergbausiedlung in Meerbeck, in einem traditionellen Arbeiterviertel mit einem hohen Migrantenanteil – im wahrsten Sinne des Wortes multikulturell. In unserem trauten Zechenhäuschen hatte bereits mein Großvater zur Miete gewohnt. Er war Elektriker beim Schacht. In unserer Siedlung, die unter Denkmalschutz steht, haben Integration und Nachbarschaftshilfe bestens geklappt. Das Zusammenleben mit so vielen Menschen, die andere kulturelle Wurzeln haben, war toll und hat mich für mein weiteres Leben geprägt. Bis heute sind meine beiden besten Freunde ein Türke und ein Halbitaliener, Emre und Nico, mit denen ich schon im Sandkasten gespielt habe.

Meistens versammelten sich alle Kinder aus der Siedlung bei uns im Garten zum Spielen, so konnte meine Mutter uns im

Auge behalten. Wir waren eine unternehmungslustige, kunterbunte Truppe – mehr Jungen als Mädchen.

Auch Esther war immer mit dabei. Von klein auf waren wir beide unzertrennlich. Daran hat sich nichts geändert. Wir Kinder waren immer im Rudel unterwegs und haben alles zusammen gemacht. Als wir endlich Fahrrad fahren konnten, vergrößerte sich unser Radius erheblich. Gemeinsam haben wir die weitere Nachbarschaft erkundet und unsicher gemacht. Das Wetter war uns ziemlich egal, wir waren fast immer an der frischen Luft. Fernsehen gab es für Esther und mich so gut wie gar nicht – nur sonntags wurde mit »Siebenstein« und »Die Sendung mit der Maus« eine Ausnahme gemacht. Mehr durften wir nicht gucken. Ich hatte weder einen Computer noch eine Spielkonsole, aber beides habe ich auch nicht vermisst; denn am allerliebsten tobte ich mit meinen Freunden draußen herum. Heutzutage ist vielen Kindern das gemeinsame Spielen verloren gegangen. Viele hocken stundenlang vor dem PC oder werden von ihren Eltern vor dem Fernseher geparkt. Das hätten meine Eltern nie zugelassen.

Von klein auf haben wir als Familie viel gemeinsam unternommen: Wir waren zusammen schwimmen und sind mit unserer Mischlingshündin Susi spazieren gegangen. Oft besuchten wir Freunde meiner Eltern, und jedes zweite Wochenende fuhren wir zu unseren Großeltern ins Sauerland. Das war für Esther und mich immer ein großes Abenteuer.

Späte Familienzusammenführung

Als ich zehn Jahre alt war, klingelte eines Tages bei uns zu Hause das Telefon. Eine junge Frau gab sich als Interviewerin aus und fragte meinen Vater nach unseren Familienverhältnissen. Der hat ihr auch ganz bereitwillig Auskunft gegeben. Nach dem Gespräch sagte mein Vater ganz lapidar, die Frau wäre wohl unsere große Halbschwester Nanne gewesen. Esther und mir verschlug es die Sprache – wir waren baff. Also erzählte mein Vater uns die ganze Geschichte, in die unsere Mutter von Anfang an eingeweiht war. Nun, mit 16 Jahren, hatte Nanne mit ihrem leiblichen Vater Kontakt aufgenommen. Für uns war das natürlich eine spannende Sache, quasi über Nacht noch eine Schwester zu bekommen. Wir drei Geschwister haben einen guten Draht zueinander. Esther und ich besuchen Nanne und ihre sechsjährige Tochter Zoe regelmäßig.

David Behre als Vierjähriger.

2. In der Waldorfschule: Fürs Leben lernen

Mit drei Jahren bin ich in den Waldorf-Kindergarten in Moers gekommen. Danach, 1993, wurde ich in der Freien Waldorfschule Niederrhein in Dinslaken eingeschult, wie Esther ein Jahr zuvor.

Für meine Eltern stand von Anfang an fest, dass sie uns beide nicht auf eine städtische Schule schicken wollten. Ihnen waren das Soziale und das besondere Gemeinschaftsgefühl, das auf einer Waldorfschule vermittelt wird, wichtiger als Leistungsdruck und Noten. Auch in der Schule zeigte sich unser unterschiedliches Temperament: Esther ging von der ersten Klasse an immer sehr sorgfältig mit ihren Sachen um und führte ihre Hefte ordentlich, während ich schon am ersten Tag mein Heft in die Ecke pfefferte und nur das Nötigste für den Unterricht tat. Ich hatte andere Dinge im Kopf – vor allem Sport: Fußball, Basketball, Tennis und meine allergrößte Leidenschaft – Motocross.

Leider hält sich bis heute noch immer hartnäckig in vielen Köpfen das weitverbreitete Vorurteil, Waldorfschulen seien so eine Art Hippie-Welt, in der nur getanzt und nichts gelernt wird. So wie ich es erfahren habe, wird das Wissen dort viel intensiver und breiter gefächert vermittelt als auf einer öffentlichen Schule. Zudem werden einem dort viele praktische Fertigkeiten beigebracht, und das Künstlerische spielt eine große Rolle. Wir hatten schon ab der ersten Klasse Englisch und Französisch. Auch wenn ich jetzt nicht gerade ein Sprachgenie bin, haben mir die beiden Sprachen für meine Zukunft viel gebracht.

Mein Schulalltag war selten langweilig; dafür sorgten schon die vielen Projekte, die wir von der ersten Klasse an gemacht haben. Bereits in der achten Klasse führten wir ein ganzes Schauspiel auf. In der zwölften Klasse haben wir sogar ein Theaterstück mit allem, was dazugehört, auf die Bühne gebracht – nach sechs Wochen intensiven Proben mit einem professionellen Schauspieler. Auch das Bühnenbild und die Kulissen haben wir eigenhändig entworfen und gebaut, uns um die Beleuchtung und die Musik gekümmert. In dieser Zeit hatten wir keinen regulären Unterricht, sondern konnten uns voll und ganz auf das Theaterstück konzentrieren. Ich hatte das große Glück, eine der Hauptrollen zu spielen: nämlich den Vater. An das Stück kann ich mich heute noch gut erinnern – es war Luigi Pirandellos »Heute Abend wird aus dem Stegreif gespielt«. Das hat nicht nur wahnsinnig viel Spaß gemacht, sondern uns auch einiges an Fertigkeiten für das weitere Leben mitgegeben. Vom Theaterspielen kommt wahrscheinlich mein Selbstbewusstsein und die Gabe, unbefangen vor vielen Leuten zu sprechen.

Besonders viel Wert wurde in der Waldorfschule auf das Künstlerische gelegt. Wir hatten beispielsweise Eurythmie, eine Bewegungskunst und -therapie, in welcher Sprache und Musik in Ausdruckstanz umgesetzt werden. So konnten wir das ganze Alphabet und die Tonleitern mit Noten und Melodien tanzen. Am Anfang kam ich mir schon etwas albern vor, bis ich merkte, dass dabei auch viel im Kopf passierte. Sich zur Musik zu bewegen und sie auf sich einwirken zu lassen, führt zu einem ganz anderen Körperbewusstsein. Man lernt quasi noch eine Fremdsprache dazu – die Bewegungen waren wie eine Art Gebärdensprache. Dadurch habe ich einen völlig anderen Bezug zur Musik und zu meinem Körper bekommen. Auf diese Art und Weise haben wir viele Komponisten und deren Werke kennengelernt. Diese Erfahrung bleibt anderen Schülern wahrscheinlich verwehrt.

Überhaupt spielte der Musikunterricht an der Waldorfschule eine große Rolle. Jeder Schüler musste ein Instrument spielen; ich habe Gitarre spielen gelernt und die meisten Lieder nach Gehör nachgespielt. Um zum Abitur zugelassen zu werden, mussten wir in der zwölften Klasse auch einen künstlerischen Abschluss ablegen. Allen Gerüchten zum Trotz gibt es nämlich auch auf einer Waldorfschule ohne Noten kein Abitur!

Im Schulalltag gab es durch zahlreiche Praktika, die wir absolvierten, viel Abwechslung: in der Landwirtschaft, in der Industrie und in einem Altenheim. Das hat uns einen Einblick in ganz unterschiedliche Lebensbereiche, die wir nicht kannten, gegeben. Was mir bis heute Spaß macht, ist das Handwerken. Ich war mächtig stolz, als ich meinen eigenen Kleiderschrank geschreinert hatte. Von den Fertigkeiten, die mir an der Waldorfschule vermittelt wurden, profitiere ich noch heute. Wenn in meiner Wohnung etwas neu gemacht oder repariert werden muss, brauche ich keinen Handwerker anzurufen – das kann ich alles selbst. Vieles muss ich nur einmal gesehen haben, und schon kann ich es nachbauen.

Auch die Individualität wird in einer Waldorfschule gefördert: Man ist nicht einer unter vielen, sondern ein Individuum – eben der David. Die Schüler werden nicht in erster Linie über ihre Leistungen und Noten definiert, sondern über ihre soziale Kompetenz. In den ersten acht Jahren waren Noten zweitrangig. Wichtiger waren soziale Werte wie Toleranz, Respekt und Rücksichtnahe auf andere. Werte, die im Leben wirklich wichtig sind. Es ist nicht so, dass jeder mit jedem konnte, und natürlich gab es auch bei uns auf dem Schulhof Raufereien oder Prügeleien, aber viel seltener als auf anderen Schulen, weil das Miteinander großgeschrieben wurde.

2005, nach der 12. Klasse, habe ich die Schule mit der Mittleren Reife verlassen. Heute finde ich es schade, dass ich das Abitur nicht gemacht habe, aber damals war mir der Aufwand zu groß, den ich für die Schule betreiben musste. Außerdem hatte ich zu der Zeit längst den Sport für mich entdeckt. Heute bin ich froh, dass ich auf einer Waldorfschule war, weil ich dort viele wichtige und praktische Dinge für mein weiteres Leben gelernt habe.

Im Laufe der Zeit entstanden dort viele Freundschaften, die zum Teil bis heute gehalten haben. Die enge Verbundenheit zeigte sich auch später nach dem Unfall, als mich viele alte Klassenkameraden im Krankenhaus besucht haben.

3. Mit Leidenschaft beim Motocross: Mit der ganzen Familie unterwegs

Ich bin mit Sport groß geworden. Schon als kleiner Knirps bin ich mit Esther zusammen Motocross gefahren. Jedes Wochenende waren wir mit der ganzen Familie mit unserem Wohnwagen unterwegs, sind zum Training und zu nationalen und internationalen Wettkämpfen gefahren. Das änderte sich auch nicht, als Esther und ich in die Schule kamen. Obwohl wir sechs Tage die Woche Unterricht hatten, auch samstags, war es kein Problem, für Dinge, die einem wichtig waren, frei zu bekommen. Man hat uns von Anfang an die freie Entscheidung überlassen, unser Leben zu einem Teil so zu gestalten, wie wir wollten – auch das gehörte zu den Prinzipien an der Waldorfschule. Dadurch habe ich schon früh gelernt, selber Verantwortung für meine Entscheidungen zu übernehmen.

Wir vier waren ein gut eingespieltes Team, in dem jeder seine feste Aufgabe hatte: Esther und ich sind gefahren, unser Vater reparierte die Maschinen, und unsere Mutter sorgte für das leibliche Wohl. Die Tatsache, dass unsere Familie seit der Crosszeit eine eingeschworene Gemeinschaft war, hat uns allen nach meinem Unfall geholfen: Jeder funktionierte und war für den anderen da. Daran hat sich bis heute nichts geändert.

Mein allererstes Rennen fuhr ich mit gerade einmal fünf Jahren. Obwohl ich Motocross die erste Zeit eher als Spaß ansah, wurde mir schnell klar, dass Sport mit Leistung verbunden ist. Das hatte ich sehr schnell verinnerlicht. Von den Erfahrungen, die ich im Motocross gemacht habe, zehre ich noch heute als Profisportler. Glücklicherweise hatten unsere Eltern nie Druck auf uns ausgeübt: Wenn Esther und ich nicht gewonnen haben, war das kein Drama. Ich kann mich nicht daran erinnern, dass wir jemals ausgeschimpft wurden, wenn es mal nicht so gut lief. Die

Freude am Fahren, am Schrauben und an der gemeinsamen Zeit mit der Familie stand für uns alle immer im Vordergrund.

Wenn Esther und ich gegeneinander gestartet sind, wurden wir zu Konkurrenten, ehrgeizig, wie wir beide waren, wollte jeder von uns der Bessere sein. Wir haben uns nichts geschenkt – im Gegenteil: Da konnte es schon einmal passieren, dass wir beide unsere Maschinen regelrecht zerlegten, weil wir dem anderen keinen Meter Platz lassen wollten.

Am Anfang mussten Esther und ich uns ein Motorrad teilen – Motocross ist ein ziemlich teurer Sport. Dafür verzichteten wir zwei auf vieles, wofür andere Kinder und Jugendliche in unserem Alter ihr Geld ausgaben. Unser Freizeitvergnügen war Motocross. Bis zu meinem 15. Lebensjahr war ich kein einziges Mal auf einer Kirmes; was mir aber auch nicht sonderlich fehlte. Das Taschengeld, das Esther und ich von unseren Großeltern bekamen, wurde bis auf den letzten Cent immer ins Motocross und die Maschinen gesteckt. Ich habe damals nichts vermisst, denn mein Sport und meine Freunde haben mir viel mehr bedeutet als Geld.

Meine erste eigene Maschine habe ich mit sieben Jahren bekommen: eine 60er, die in nur vier Sekunden von 0 auf 100 beschleunigen konnte. Ich war ungeheuer stolz auf mein Motorrad! Daran änderte auch nichts, dass viele Freunde und Bekannte unsere Begeisterung für Motocross nicht verstanden. Wie kann man nur so bescheuert sein, so einen Sport zu machen? Diese Frage bekamen sowohl wir Kinder als auch unsere Eltern häufig zu hören. Uns vier hat das kaltgelassen. Wie sollte man den skeptischen Stimmen auch klarmachen, dass die Geschwindigkeit und die Liebe zum Risiko einen großen Teil der Faszination von Motocross ausmachen. Das konnten viele nicht nachvollziehen. Man lernt, die Geschwindigkeit zu kontrollieren, die Risiken zu minimieren und brenzlige Situationen zu meistern und bildet ganz andere Reflexe aus. Davon zehre ich noch heute, auch die Liebe zum Risiko hat mich nicht losgelassen.

Obwohl ich eine tolle Zeit hatte, habe ich mit 15 Jahren mit Motocross aufgehört. Ich wollte mich damals mehr auf die Schule konzentrieren.

Von der Reaktionsfähigkeit, die ich als Kind gelernt habe, profitiere ich bis heute: beim Sport und im Straßenverkehr. Wenn man zehn Jahre Motocross gefahren ist, dann ahnt man manche gefährlichen Situationen instinktiv voraus und kann dementsprechend schnell reagieren. Obwohl ich manche brenzlige Situation hinter dem Steuer erlebt habe, habe ich noch nie einen Unfall gebaut.

Ich bin mir ziemlich sicher, dass ich den Zusammenstoß mit dem Zug ohne den Rennsport nicht überlebt hätte. Dank meiner Reflexe habe ich wahrscheinlich instinktiv genau das Richtige getan, um mich zu schützen. Ich hätte mir bei dem Unfall auch das Genick brechen können, aber meinem Kopf ist glücklicherweise nichts passiert. Auch dass ich durch den Sport einen robusten, muskulösen Körper habe, der manches aushält, kam mir damals, als ich Stunden ohnmächtig neben den Gleisen in der Kälte lag, wohl ebenfalls zugute. Beim Motorradfahren habe ich mich so manches Mal auf die »Fresse« gelegt und Blessuren davongetragen. Das hat mich abgehärtet.

Meine Kindheit und Jugend habe ich sehr genossen. Ich bin froh, dass meine Eltern mir sowohl die Schulausbildung an der Waldorfschule als auch das Motocross ermöglicht haben. Überhaupt habe ich in meinem Elternhaus einiges mit auf den Weg bekommen, das mir in der schweren Zeit nach dem Unfall geholfen hat: Die Ärmel hochzukrempeln, Dinge anzugehen und niemals aufzugeben. Für eine glückliche Kindheit ist nicht das Geld entscheidend, sondern dass Eltern mit ihren Kindern viel Zeit verbringen und für sie da sind. Beides haben mir meine Eltern geschenkt, dafür bin ich ihnen sehr dankbar.

4. Wilde Zeiten mit 18: Rechtzeitig die Kurve gekriegt

Nachdem ich die Schule mit 18 Jahren mit der Mittleren Reife verlassen hatte, wollte ich eigentlich zur Bundeswehr. Doch die musterte mich kurzerhand aus – wegen meiner Fehlsichtigkeit. Da ich mich zu spät um eine Ausbildungsstelle gekümmert hatte, stand ich erst einmal mit leeren Händen da und wusste nicht, wie es weitergehen soll. Da kam das Angebot meines Vaters, mit ihm zusammenzuarbeiten, wie gerufen. Was im Motocross schon so gut funktioniert hatte, klappte auch im Job bestens: Zwei Jahre lang haben wir als Team in der IT-Technik gut zusammengearbeitet. Eine Arbeit zu haben war schön und gut, aber mehr stand mir damals der Sinn danach, das Leben in vollen Zügen zu genießen.

Zu dieser Zeit war Esther zu meinem großen Bedauern für ein Jahr als Au-Pair nach England, in die Nähe von London, gegangen. Die Zeit ohne sie war nicht einfach für mich, weil sie von klein auf meine wichtigste Bezugsperson war. Schon als Kinder standen wir beide frühmorgens zusammen auf und spielten den ganzen Tag zusammen. Später fuhren wir gemeinsam Motocross und gingen zusammen in die Schule. Wir haben uns immer gut verstanden und über alles gesprochen. Geheimnisse gab es zwischen uns nicht. Wir waren unzertrennlich – das sind wir bis heute.

Auf einmal war Esther also nicht mehr in meiner Nähe. Ich hatte zwar meine Freunde, aber meine Schwester fehlte mir trotzdem an allen Ecken und Enden, besonders abends, weil wir oft zusammen unterwegs waren. Ich konnte nicht mal eben mit ihr reden; und zu telefonieren ist einfach nicht dasselbe.

Ohne Esther geriet mein Leben irgendwie aus den Fugen, obwohl ich damals viel gearbeitet habe. Wäre sie in meiner Nähe gewesen, wäre ich wohl nicht eine Zeitlang abgedriftet. An Wochenenden habe ich viel gefeiert, das Leben in vollen Zügen genossen, jede Woche eine andere Frau kennengelernt. »Sex, Drugs and Rock 'n' Roll« war in dieser Phase mein Lebensmotto. Ich wollte einfach meinen Spaß haben.

Das war sicher auch keine einfache Zeit für meine Eltern, weil ich ganz schön gegen sie rebellierte. Tagsüber bei der Arbeit klappte es gut, aber zu Hause wollte ich mir von meinem Vater nichts sagen lassen. Damals dachte ich nur an mich, andere Leute waren mir relativ egal. Ich probierte damals viel aus, wie man das als junger Erwachsener halt so macht, und dabei verlor ich den Boden unter den Füßen. Vielleicht brauchte ich das damals, einmal so richtig über die Stränge zu schlagen, um mir darüber klar zu werden, was für mich im Leben wichtig ist und was ich erreichen will. Viele Jugendliche, die sich nie ausgetobt haben, vermissen das später und holen alles nach. Ich hatte meine wilde Zeit mit 18 – und wenn ich heute zurückblicke, war das für mich ein wichtiger Lebensabschnitt.

Als meine Schwester nach einem Jahr aus England zurückkam, war ich überglücklich. Esther hat mir die Leviten gelesen und brachte mich wieder zur Vernunft. Auch meine besten Freunde, die ich eine Zeitlang links liegen ließ, haben mir ins Gewissen geredet, weil ich so ein oberflächliches Leben führte. Genau das Leben, was ich früher nie abkonnte und heute entschieden ablehne.

Nachdem ich mich ein Jahr lang ausgetobt hatte, reichte es mir mit den Abstürzen, und ich kriegte glücklicherweise noch rechtzeitig die Kurve. Von heute auf morgen machte ich einen radikalen Schnitt und beendete mein oberflächliches Lotterleben. Ich hatte Esther, meine alten Freunde, eine gute Arbeitsstelle und machte mir Gedanken über meine Zukunft. In meinem Kopf reifte der Plan, mich selbständig zu machen.

Nicht ohne meine Hunde: Die einzigen, die ich in meinem wilden Jahr niemals vernachlässigt hatte, waren unsere zwei Boxer. Es war mir wichtig, dass die beiden nicht zu kurz kamen. Wenn ich von der Arbeit nach Hause kam, warteten Kyra und Rocky schon sehnsüchtig an der Tür auf mich. Sie konnten es kaum erwarten, mit mir loszuziehen. Jeden Tag, egal bei welchem Wetter, waren wir drei mindestens zwei Stunden unterwegs: Wir waren im Wald, liefen über die Felder, waren im Baggerloch schwimmen oder Rocky und Kyra liefen neben meinem Fahrrad her.

Rocky war mein Hund; er hat fünfzig Kilo gewogen und war riesig, fast schon zu groß für einen Boxer. Er war der perfekte Ausgleich für meine langen Arbeitszeiten, mit ihm konnte ich richtig hart herumtoben. Rocky war der einzige Hund, den ich kenne, der im Wasser tauchen konnte. Als wir ihn bekommen haben, war er ein richtiger Angsthase. Das konnte ich ihm allerdings schnell abgewöhnen: Es dauerte nicht lange, und er verwandelte sich in einen regelrechten Draufgänger und Chaoten. Wir beide passten wunderbar zusammen – wir waren ein perfektes, unzertrennliches Team!

David Behre, 2007, kurz vor seinem verheerenden Unfall.

David mit seiner Schwester Esther 2013 in Moers.

5. Mein eigener Herr: Selbständig mit 20

Bevor ich mich finanziell auf eigene Beine gestellt habe, hatte mein Vater mir alles an Knowhow beigebracht, was ich in der Computer-Branche wissen musste. Als ich an seiner Seite anfing, war mein Vater für den Internationalen Bund, einen der größten Anbieter für Jugend-, Sozial- und Bildungsarbeit in Deutschland tätig. Zu Beginn wurde ich erst einmal ins kalte Wasser geworfen und musste mich freischwimmen. Für einen kleinen Lohn arbeitete ich unter Vaters Regie mit. Recht schnell waren wir beide ein gut funktionierendes Team und hatten alle Hände voll zu tun: Zusammen fuhren wir zu den Außenstellen, warteten dort die PCs, konfigurierten die Server und bauten ganze Schulungsräume auf. Als unser Chef einmal ins Krankenhaus kam, übernahmen wir beide auf dessen ausdrücklichen Wunsch hin kurz entschlossen das Kommando. Nachdem ich mir das notwendige praktische Rüstzeug im Laufe der Zeit durch Zugucken und Ausprobieren angeeignet hatte, wagte ich 2006 den Sprung in die Selbständigkeit. Angst davor, in jungen Jahren mit so einem Vorhaben zu scheitern, hatte ich nicht. Zu groß war der Reiz, mein eigener Chef zu sein.

Mit gerade einmal 20 Jahren gründete ich meine eigene IT-Firma und war nun als Subunternehmer selbständig. Alle meine Energie steckte ich in meine kleine Firma, arbeitete 14 bis 15 Stunden am Tag, oftmals vier Wochen ohne einen einzigen freien Tag. Aber das ist das Los von vielen Selbständigen und der Umstand, das Sagen und alle Fäden in der Hand zu haben, wog das Arbeitspensum mehr als auf. Zudem verdiente ich in dieser Zeit richtig gutes Geld.

In Eigenregie Aufträge abzuwickeln, Ideen zu konzipieren und umzusetzen und dabei auch noch alles allein zu organisieren, das war genau mein Ding. Und Spaß hat es mir obendrein gemacht. Bereits so jung mein eigenes Team zu leiten, war schon ein tolles Gefühl. An allen Einsatzorten war ich mit Abstand der Jüngste, was gewöhnungsbedürftig war – für mich und die anderen. Anfangs war es ein wenig komisch, den älteren Kollegen Anweisungen zu geben, aber die kamen damit recht schnell gut klar. In jungem Alter so eine große Verantwortung zu übernehmen war nicht nur eine spannende Herausforderung, sondern auch eine gewaltige Motivation. Ich wollte mir und anderen beweisen, dass ich das kann. Profitiert habe ich sicherlich von den sozialen und handwerklichen Fertigkeiten, die mir die Waldorfschule mit auf den Weg gegeben hat. Da ich beruflich auf einem soliden Fundament stehen wollte, begann ich parallel zu meiner Arbeit als EDV-Berater mit einer Ausbildung zum Fachinformatiker.

Auch sportlich wollte ich damals noch mal so richtig durchstarten. Als ich 10.000 Euro angespart hatte, konnte ich mir meinen größten Wunsch erfüllen: eine Kawasaki, KX250F, Baujahr 2007, kaufen. Ich war mächtig stolz auf die tolle Maschine, mit der ich große Pläne hatte. Nach fünf Jahren Pause wollte ich wieder in der Motocross-Szene Fuß fassen. Profisportler zu werden, das war schon lange mein heimliches Ziel. Seit ich ein kleiner Knirps war, hatte ich davon geträumt. Ob mir das im Motocross gelungen wäre, bleibt reine Spekulation. Nicht nur weil die Konkurrenz in diesem Sport groß ist, sondern auch weil Motocross eine kostspielige Angelegenheit ist. Allein an Materialwert braucht man pro Saison zwischen 50.000 und 60.000 Euro. Jeder Profi hat drei bis vier Motorräder – eine Maschine kostet um die 8.000 Euro. Da kommt einiges an Geld zusammen. Das muss man erst einmal verdienen. Gefahren bin ich auf meiner Kawasaki nur zweimal, weil mir wegen all der Arbeit die Zeit fehlte.

Alles in allem hatte ich damals eine großartige Zeit – bis der verhängnisvolle Unfall passierte, der mich aus heiterem Himmel aus allen Träumen und Zukunftsplänen gerissen hat. Auch wenn es makaber klingt, konnte ich mir meinen großen Traum vom Profisport nach dem Unfall erfüllen, wenn auch nicht im Motocross.

IV. Nach dem Unfall: Mein zweites Leben beginnt im Krankenhaus

1. Außer Lebensgefahr:
Ich will leben und laufen!

Bis heute habe ich keinerlei Erinnerungen an den Flug im Rettungshubschrauber zur Berufsgenossenschaftlichen Unfallklinik in Duisburg. Meine Erinnerung setzt erst wieder ein, als ich ungefähr fünf Stunden nach der Not-Operation völlig orientierungslos und verwirrt auf der Intensivstation aufgewacht bin, viel früher als von den Ärzten erwartet. Ich wusste weder wo ich bin noch was mit mir passiert war. Das Erste, was ich wahrgenommen habe, war, dass überall in meinem Körper Schläuche steckten und ich künstlich beatmet wurde. Um mich herum standen viele Apparate – Dinge, die man aus der Intensivstation kennt. Überall brummte und piepste es. Die ganze Situation war völlig surreal und beängstigend. Glücklicherweise tauchte sofort ein Pfleger an meiner Seite auf.

Er streichelte mir über den Kopf und sprach beruhigend auf mich ein. Von ihm erfuhr ich in groben Zügen, was geschehen war: Dass ich einen Unfall hatte und jetzt in Sicherheit war. Er erzählte mir, dass meine Stümpfe gut versorgt waren. Verarbeiten konnte ich das Ganze zu diesem Zeitpunkt allerdings noch nicht. Vollgepumpt mit einem hochdosierten Schmerzcocktail und noch stark benebelt von der Narkose, war mir alles egal. Ich war froh, dass ich versorgt wurde und nicht allein war. Und dass mich meine Eltern und meine Schwester nicht auf dem Friedhof besuchen mussten.

Meine ersten Gedanken nach dem Aufwachen aus der Narkose galten meiner Familie. In einem lichten Moment, als ich halbwegs zu mir gekommen war, wollte ich als Erstes unbedingt meine Schwester anrufen. Ich ließ mir vom Pfleger ein Telefon geben und sagte Esther, dass ich lebe. Sie konnte erst gar nicht fassen, dass ich so kurz nach der Not-OP schon wieder bei Bewusstsein war. Sie konnte mich kaum verstehen, weil ich so verwaschen gesprochen habe. Esther war überglücklich, dass ich durchgekommen war, weinte und stammelte nur immer wieder die gleichen Worte: »David, du lebst. Ich bin so froh. Ich habe dich so lieb.« Das war das Einzige, was sie sagen konnte.

Kurze Zeit später waren auch meine Eltern, die schon während der Operation in der Klinik waren und um mein Leben gezittert hatten, an meinem Krankenbett. Ich weiß noch ganz genau, was ich als Erstes zu ihnen gesagt habe, nämlich: »Ich will leben und laufen!« Und damit meinte ich nicht, einfach von A nach B zu gehen, sondern wie früher mit meinen Hunden zusammen draußen zu rennen. Auch wenn ich damals noch nicht wusste, wie ich das anstellen sollte. Ich wollte nur nach vorn sehen, dachte mir, das Leben muss weitergehen!

Inzwischen wusste ich von meinen Eltern, dass ich von einer Rangierlok überfahren worden war und wie durch ein Wunder überlebt hatte. Obwohl ich meine Füße verloren hatte, dämmerte mir, dass ich Glück im Unglück gehabt hatte. Es hätte mir noch viel, viel Schlimmeres passieren können: Ich hätte verbluten oder erfrieren können. Wenn mein Kopf oder mein Körper überrollt worden wären, wäre ich jetzt tot. Ich hätte mir beim Zusammenprall mit dem Zug das Genick brechen oder schwere Kopfverletzungen zuziehen können. Dann wäre ich geistig behindert oder für den Rest meines Lebens ein Pflegefall gewesen. Zum Glück hatte ich keine inneren Verletzungen, und meine äußeren Verletzungen waren gut versorgt.

Die erste Nacht konnte ich trotz all der starken Medikamente kaum schlafen. Andauernd musste ich mich übergeben, weil ich die Schmerzmittel und die Narkose nicht vertragen habe. Der Pfleger war immer bei mir und hat sich um mich gekümmert. Morgens, nach dem Aufwachen, blickte ich von meinem Bett aus dem Fenster und sah überall nur Bäume. Das Krankenhaus musste wohl in einem Wald liegen. Erst als ich später das erste

73

Mal im Rollstuhl aus der Klinik gefahren wurde, konnte ich meine Umgebung richtig wahrnehmen. Da mein Zustand stabil war, wurde ich bereits nach einem Tag von der Intensivstation auf die normale Station verlegt.

In den ersten Tagen, als ich noch von den Medikamenten ziemlich zugedröhnt war und vor mich hin dämmerte, war mir alles egal. Die Hauptsache war, dass man sich um mich kümmerte und mich gut versorgte. Über die Konsequenzen meines Unfalls dachte ich nicht nach. Erst als deren Wirkung nachgelassen hatte und ich wieder einen klaren Gedanken fassen konnte, ist mir nach und nach klar geworden, dass sich mein Leben gravierend verändert hatte und dass ich bis zum Ende meiner Tage behindert sein würde.

Die erste Zeit nahm ich die Leute, die mich besucht haben, wie durch einen Schleier wahr, weil ich mit Medikamenten vollgepumpt war. Mir war den ganzen Tag über schlecht, ich konnte nichts essen und habe im Krankenhaus einiges an Gewicht verloren. Das war eine harte Zeit, die ziemlich an mir genagt hat. Als es mir wieder besser ging, sind die Erinnerungen an die schlimmen Zeiten und daran, welche körperlichen und seelischen Belastungen das waren, nach und nach verblasst. Vergessen werde ich das aber wohl nie!

Langsam dämmerte mir, was auf mich zukam, als ich meine Stümpfe zum ersten Mal sah. Das war nach zwei Tagen, als mir die Antibiotikaketten in beiden Beinen nachgezogen wurden. Das tat höllisch weh, weil die Ketten ins Fleisch eingewachsen waren. Es kostete mich wahnsinnig viel Kraft, mit dem Oberkörper hochzukommen und nach unten zu meinen Beinen zu sehen. Rechts war nur der Fuß weg, links war schon relativ hoch amputiert, deshalb haben sich die Ärzte später zu einer zweiten Operation entschlossen und beide Stümpfe auf eine Länge gebracht. Ich selbst hätte die Entscheidung gar nicht treffen kön-

74

nen. Immer wenn die die Verbände gewechselt wurden, war alles
voller Blut. Das war schon heftig anzusehen. Jede Woche nach
der Visite wurden von den Wunden Fotos gemacht, um den Hei-
lungsverlauf zu dokumentieren.

Insgesamt habe ich elf lange Wochen in der Klinik verbracht
und musste in der Zeit dreimal operiert werden. Nach der zweiten Operation, bei der meine Knochen in den Unterschenkeln
abgeschliffen wurden, hatte ich höllische Schmerzen und wand
mich vor Qualen im Bett. Es war kaum auszuhalten. Meine Eltern und meine Schwester standen hilflos an meinem Bett und
konnten es kaum ertragen, mich so leiden zu sehen. Für Esther
war das zu viel – sie ist in meinem Krankenzimmer zusammengebrochen. Danach haben die Ärzte angeordnet, dass mich nur
besuchen darf, wer die Situation emotional verkraften kann.
Wer nicht stark genug war, durfte vorerst nicht mehr zu mir
kommen.

Harte Zeiten

Ganz schön entmutigt war ich, als ich zum ersten Mal nach
der Operation im Rollstuhl saß. In dem Moment wurde mir erst
so richtig bewusst, dass ich nie mehr auf meinen eigenen Beinen
werde laufen können.

Meine Physiotherapeutin Regine Stelzhamer fuhr mich im
Rollstuhl durch die Klinik in die Trainingshalle, um mir zu zeigen, wo sie später mit mir arbeiten würde. Allein das aufrechte
Sitzen im Rollstuhl kostete mich viel Kraft, und nur die Arme
anzuheben war enorm anstrengend nach den Tagen, die ich
liegend im Bett verbracht hatte. Als mich Regine in mein Zimmer zurückbrachte, wartete dort bereits meine Mutter auf mich.
Nachdem ich es unter großen Schwierigkeiten endlich vom Rollstuhl ins Bett geschafft hatte, musste ich bitterlich weinen und

habe zu meiner Mutter gesagt, dass ich mein altes Leben zurückhaben wolle. Ich war völlig verzweifelt.

Regine, die hinter der Zimmertür stand und mein Weinen
hörte, kam an mein Bett zurück und nahm mich fest in die
Arme. Das war das erste Mal, dass mir klar wurde, dass mein
altes Leben für alle Zeiten vorbei ist. Den alten David gab es
nicht mehr. Das zu verkraften war hart. Kleine Tiefs hatte ich
auch später noch immer mal wieder, aber in diesem Moment
habe ich eine tiefe Verzweiflung empfunden. Das war mein
schlimmster Tiefpunkt überhaupt nach dem Unfall. Nie werde ich vergessen, wie Regine mir Mut gemacht hat: Dass der
Tag kommen wird, an dem ich wieder laufen kann – zwar nicht
mehr auf meinen eigenen Füßen, aber auf Prothesen. Sie hat
mir auch nicht verschwiegen, dass viel harte Arbeit auf mich
zukommt, dass ich einen schweren, steinigen Weg vor mir habe
und Rückschläge dazugehören. Regine machte mir auch klar,
dass alles, was so einfach aussieht, viel Kraft und Schweiß kosten wird und ich viel Geduld bräuchte. Wie ein kleines Kind
müsste ich neu lernen, auf Prothesen zu stehen und zu gehen.
Immer einen kleinen Schritt nach dem anderen. Und mir bewusst machen, dass jeder noch so kleine Schritt nach vorne ein
riesiger Fortschritt ist.

Keine Psychotherapie und bloß kein Mitleid

Albträume vom Unfall habe ich glücklicherweise bis heute
nicht – ich kann mir das selbst nicht erklären. Einen Psychotherapeuten, um mein Trauma aufzuarbeiten, habe ich nicht
gebraucht. Ein einziges Mal war ein Psychologe bei mir, aber
zwischen uns beiden sprang der Funke einfach nicht über. Bei
der einen Begegnung habe ich es dann belassen. Ein paar Mal
besuchte mich ein Pastor, der sich mit mir über ganz normale Dinge unterhielt. Seine Art und Weise, zu erzählen und mir

zuzuhören, hat mir einfach gutgetan. Mit ihm konnte ich über alles Mögliche sprechen, nicht nur über den Unfall. Das hat mir geholfen.

Mittlerweile tauchte immer häufiger der Gedanke auf, dass ich ganz alleine im Kopf damit klarkommen musste, jetzt behindert zu sein. Und dass ich diese Tatsache schlicht und einfach akzeptieren musste. Dabei konnte mir keiner helfen! Was ich überhaupt nicht brauchen und womit ich überhaupt nicht umgehen konnte, das war Mitleid. Ein furchtbares Gefühl! Das ist heute nicht anders als damals. Schon im Krankenhaus kam ich nicht damit klar, wenn meine Besucher in Tränen ausbrachen und versuchten, mich mit brüchiger Stimme zu trösten. Worte wie »Du armer Kerl, wie furchtbar, was dir passiert ist!«, brachten mir gar nichts – im Gegenteil: Ich wusste selber, wie schlimm es um mich stand. Viele ältere Kollegen, die mich besucht haben, weinten, als sie mich im Rollstuhl sahen. Es war schon eine verkehrte Welt, dass ich meine Besucher manches Mal trösten musste. Das kostete mich viel Kraft, die ich eigentlich für mich selber gebraucht hätte.

Der Wendepunkt: Oscar Pistorius, mein Inspirator

Vollgedröhnt mit Schmerzmitteln schaltete ich vier Tage nach meiner Not-OP zum ersten Mal den Fernseher an. Was ich auf dem Bildschirm sah, ließ mich aufhorchen und sollte mein Leben völlig verändern. Dort lief scheinbar zufällig ein Bericht über Oscar Pistorius, den südafrikanischen Bladerunner. Der sorgte damals weltweit in den Medien für Furore, weil er nach langem Kampf als erster behinderter Profisportler seine Teilnahme bei den Olympischen Spielen in Peking 2008 erstritten hatte. Pistorius, der genauso alt wie ich ist, kam aufgrund eines Gendefekts ohne Wadenbeine auf die Welt. Seine Eltern ließen ihm auf Rat der Ärzte im Alter von elf Monaten seine beiden Beine unterhalb der Knie amputieren, damit er später überhaupt laufen konnte. Schon mit 13 Monaten bekam er seine ersten Prothesen. Und jetzt lief er auf Federn, die speziell für ihn aus Carbon angefertigt wurden, gegen Nichtbehinderte und schlug sie alle. Was war das für ein wahnsinniges Glücksgefühl! Pistorius zeigte mir, dass man ohne Beine kein Krüppel ist, sondern auf Hightech-Prothesen Höchstleistungen vollbringen kann. Ich war Feuer und Flamme.

In der Dokumentation waren auch seine Beinstümpfe zu sehen und wie er sich die Prothesen anzog. Als wenn es das Normalste auf der Welt wäre! Und der war genauso amputiert wie ich, hatte die gleiche Behinderung. Mit einem Schlag wusste ich: Das will ich auch! Profisportler wie Pistorius werden und mit Prothesen genauso flink laufen wie der schnellste Mann der Welt ohne Füße. Mit dem will ich mich eines Tages messen und ihn irgendwann schlagen, schoss es mir spontan durch den Kopf! Egal, was ich dafür tun muss. Auch wenn ich zu dem Zeitpunkt noch arg gebeutelt in meinem Krankenbett lag und meilenweit davon entfernt war.

Zu sehen, was mit Prothesen alles möglich ist, hat mir einen riesigen Motivationsschub gegeben. Oscar hat mich enorm animiert – er war mein großer Inspirator, dem ich nacheifern wollte. In dem Moment, wo ich verzweifelt war, weil ich keine Füße mehr hatte und nicht wusste, wie es nach dem Krankenhaus weitergehen soll, hat er mir einen neuen Sinn im Leben gegeben: Ich wollte Profisportler, ein Top-Läufer wie Oscar werden. Dieser Moment war der Wendepunkt! Plötzlich hatte ich ein Ziel vor Augen, das ich unbedingt erreichen wollte – ich wollte auf Rennprothesen laufen wie der Bladerunner. Dieser Entschluss sollte mein Leben nach dem Krankenhaus komplett auf den Kopf stellen. Dass ich den Fernseher genau zu dem Zeitpunkt eingeschaltet hatte, als der Bericht über Pistorius lief, war wohl eine Fügung des Schicksals. Zufälle gibt es nicht! Später haben mir meine Ärzte Informationsmaterial über Beinprothesen gegeben, die ich verschlungen habe.

Mein 21. Geburtstag – Große Feier in der Cafeteria

Nur fünf Tage nach meinem Unfall und einen Tag nach dem aufwühlenden Bericht über Oscar Pistorius im Fernsehen, feierte ich im Rollstuhl meinen 21. Geburtstag. Schon morgens bekam ich jede Menge Besuch, und mittags hatten wir die Cafeteria des Krankenhauses in Beschlag genommen: 70 Leute – Familie, Freunde, Bekannte und Arbeitskollegen –, sie alle kamen nur wegen mir. Ärzte, Krankenschwestern und Pfleger waren auch mit dabei. Beim Klinik-Personal hatte ich die Spitznamen »Sonnenschein« und »Sunny Boy« weil ich trotz allem meistens gelächelt und meine Witzchen gemacht habe. Ich war der Liebling im Krankenhaus, dort kennen mich heute noch viele. Auf meiner Station waren fast nur Krankenschwestern, mit denen habe ich, als es mir besser ging, ein bisschen rumgeflirtet. Es war schön, so fürsorgliche Leute um mich zu haben.

Mein Geburtstag war ein schöner Tag, an den ich oft zurückdenke. Irgendwie war es auch der Beginn eines zweiten Lebens, das ich geschenkt bekommen habe. Bei aller Freude über den vielen Besuch war es auch sehr anstrengend für mich. Zwischendurch brauchte ich immer mal wieder eine Pause und zog mich für ein paar Minuten auf mein Zimmer zurück. Es tat gut zu erleben, dass so viele Leute hinter mir standen und mit mir gefeiert haben. Froh war ich darüber, dass nicht die ganze Zeit nur über den Unfall gesprochen wurde, sondern über ganz alltägliche Dinge. So kam ich auch mal auf andere Gedanken, weil die Gespräche nicht nur um mich und mein Schicksal kreisten.

Nach elf Tagen wurde ich das zweite Mal operiert: Meine Unterschenkel wurden auf die gleiche Länge gebracht, die Stümpfe neu gebildet und endgültig verschlossen. Das rechte Bein, das vom Zug kurz über dem Sprunggelenk abgetrennt wurde, kürzten die Ärzte um 15 Zentimeter. Ich bin ich sehr froh, dass meine beiden Beine gleich lang sind. So kann ich mit meinen Alltagsprothesen gut laufen und auch für den Sport ist es so perfekt. Dass die Belastungen der Federn identisch sind, ist auch ein großer Vorteil für mein Gleichgewichtsgefühl. Den Ärzten bin ich noch heute dankbar, dass sie alles so gut hinbekommen haben. Sie haben wirklich tolle Arbeit geleistet!

Immer an meiner Seite: Familie und Freunde

Es war tröstlich, dass meine Familie in der schweren Zeit hinter mir gestanden hat. In meinen schwachen Momenten habe ich sehr viel mit meinen Eltern und meine Schwester gesprochen. Wenn sie schon zu Hause waren und mir etwas einfiel, telefonierte ich mit ihnen. Manchmal rief ich noch spätabends an und fragte, ob morgen jemand vorbeikommen könnte, weil ich dringend jemanden zum Reden brauchte.

Meine Familie war in den schwierigen Momenten einfach immer für mich da, obwohl das auch für sie eine furchtbare Zeit war. Sie standen unter starker psychischer Belastung, konnten nicht schlafen, machten sich ständig Sorgen um mich und meine Zukunft, die in den Sternen stand. Meine Eltern hatten sich von ihrer Arbeit beurlauben lassen, um ganz für mich da zu sein. Außerdem gab es viele Dinge, die sie regeln mussten: Behördengänge, Versicherungsangelegenheiten und vieles mehr. Jeden Tag verbrachten sie fünf bis sechs Stunden an meinem Krankenbett, wofür ich ihnen ewig dankbar sein werde.

Esther musste damals ganz schön zurückstecken, weil sich in der Zeit in der Klinik alles nur um mich drehte. Sämtliche Kräfte der Familie waren auf mich gerichtet. Später haben mir meine Eltern erzählt, wie sie diesen Unfall und die Zeit danach im Krankenhaus wahrgenommen haben. Ich glaube, dass es für sie eine schlimmere Zeit als für mich selbst war. Die Familie und die engsten Freunde bei sich zu haben war zu diesem Zeitpunkt ganz wichtig für mich und hat mir enorme Kraft gegeben, wieder gesund zu werden.

Selbstvorwürfe eines Freundes

Immer zu mir gehalten haben auch meine engsten Freunde Nico und Emre, die ich seit dem Sandkasten kenne. Wir konnten über alles reden. Nico war fast täglich im Krankenhaus und hat mich richtig aufgebaut. Da habe ich wieder einmal gemerkt, dass ich mich immer auf ihn verlassen kann, besonders wenn es mir schlecht geht. Auch Emre war oft bei mir, konnte aber mit der Situation nicht so gut umgehen. Lange Zeit machte er sich die heftigsten Vorwürfe, dass er mich nicht hatte überreden können, den verhängnisvollen Abend mit ihm zusammen zu verbringen. Aber ich war ja schon verabredet. Immer wieder quälte er sich mit dem Gedanken, dass der Unfall dann nicht passiert wäre. Oft haben wir beide darüber geredet, wie unbegründet seine Selbstvorwürfe waren und dass niemand ahnen konnte, was mir Schlimmes zustoßen würde.

Es verging kein Tag im Krankenhaus, an dem ich nicht Besuch bekam. Aus meiner alten Klasse kamen fast alle früheren Schulkameraden vorbei, auch mein ehemaliger Klassenlehrer. Da zeigte sich in der Praxis, warum auf einer Waldorfschule soziale Kompetenz groß geschrieben wird. Dadurch, dass man von der ersten bis zur dreizehnten Klasse zusammen ist, entsteht unter den Schülern ein starker Zusammenhalt, was an anderen Schulen vielleicht nicht so ist. Ich habe heute noch Kontakt zu einem engen Kreis von fünf alten Klassenkameraden, mit denen ich einmal im Monat zusammen Poker spiele. Überhaupt hatte ich wahnsinnig viel Besuch bekommen: Arbeitskollegen und

Freunde meiner Eltern. Dass mich so viele in der schweren Zeit damals unterstützt und besucht haben, hat mir unglaublich gutgetan und mich mit aufgebaut.

Wochenendurlaub – Endlich wieder zu Hause!

Nach fünf Wochen war ich kurz davor, einen Krankenhauskoller zu bekommen. Deshalb kam die Erlaubnis der Ärzte, ein Wochenende zu Hause verbringen zu dürfen, gerade zum richtigen Zeitpunkt. Bei meinen Eltern sollte mich eine faustdicke Überraschung erwarten.

Während der Fahrt nach Hause machte ich mir Gedanken, wie ich in meinem Rollstuhl bloß die Stufen zu unserem Hauseingang und die Treppe in die erste Etage hochkommen sollte, wo mein Zimmer war. In meiner jetzigen Situation waren das unüberwindliche Hindernisse.

Als wir vor unserem Haus ankamen, wunderte ich mich, dass mich meine Eltern nicht zum Haupteingang schoben, sondern um unser Haus herum. Mir fehlten die Worte: In einer Nacht- und Nebelaktion hatte meiner Familie gemeinsam mit zwanzig fleißigen Helfern – Freunden, Nachbarn und Kollegen – alles behindertengerecht umgestaltet, so dass ich mich dort ohne Schwierigkeiten im Rollstuhl bewegen konnte. Hinten im Garten hatten sie eine Rampe gebaut, die zum Kücheneingang führte. So konnte ich mit meinem Rollstuhl problemlos rein und raus fahren. Auch die Küche war rollstuhlgerecht umgebaut. Ich konnte nur staunen, was in meinem Elternhaus in nur zwei Tagen alles passiert ist.

Als ich in unser Wohnzimmer rollte, konnte ich es kaum glauben: Ich war plötzlich in meinem Zimmer, das kurzerhand nach unten verlegt worden war. Der Raum war neu gestrichen, ein neuer Boden verlegt. In meinem neuen Zimmer sah alles haargenau so aus wie in meinem alten: Nicht nur die Möbel standen am gleichen Platz, sondern auch sämtliche Bücher und CDs waren in den Regalen genauso angeordnet, wie vorher ein Stockwerk höher. Selbst die Anziehsachen hingen in der gleichen Reihenfolge in meinem Kleiderschrank. Dahinter steckte eine Freundin meiner Eltern, die ein fotografisches Gedächtnis hat. Ich konnte kaum glauben, was alle zusammen an nur einem Wochenende auf die Beine gestellt hatten. Schweren Herzens ging ich nach dem Wochenende zuhause wieder zurück in die Klinik. Der einzige Lichtblick am Horizont war, dass die Zeiten im Rollstuhl gezählt waren – schon bald sollte ich meine ersten Prothesen bekommen.

Neu laufen lernen

An meine ersten Schritte auf Prothesen, sechs Wochen nach meiner Notoperation, kann ich mich noch gut erinnern. Was für ein tolles, aber auch eigenartiges Gefühl, endlich wieder auf meinen eigenen Beinen zu stehen! Wie ein kleines Kind musste ich das Stehen und Gehen ganz neu lernen. Allein schon das Gleichgewicht zu halten ist verdammt schwer. Meine ersten Gehversuche waren äußerst wackelig und schwierig, ich war in Schweiß gebadet. Nachdem ich gerade einmal zehn Minuten auf den Prothesen gegangen bin, taten meine Stümpfe höllisch weh. Sie waren blau angelaufen und stark geschwollen. Meine Unterschenkel waren es nicht gewohnt, einen so starken Druck von unten auszuhalten. Ich hatte gewaltige Schmerzen, aber der erste Schritt war geschafft. Jetzt hieß es: Zähne zusammenbeißen und nach vorne blicken!

Man kann sich nicht einfach auf die Prothesen stellen und loslaufen. Der Bewegungsablauf mit Prothesen funktioniert völlig anders als das Laufen auf den eigenen gesunden Beinen. Wenn man keine Fußgelenke mehr hat, kann man sich nicht mehr instinktiv vom Boden abstoßen. Mit Prothesen muss man die Schritte anfangs bewusst vom Kopf her steuern. Wenn man das verinnerlicht hat, klappt das irgendwann ganz automatisch, ohne dass man darüber nachdenken muss. In der Gehschule musste ich bei Regine ein komplett neues Bewegungsmuster lernen. Ich musste die Hüfte nach vorne schieben, sodass Oberschenkel, Unterschenkel und Prothese mitgezogen wurden. Zwar waren bei der Bewegung auch meine Knie gefragt, doch meine Hüfte musste nun die doppelte Kraft aufbringen. Beim Gehen auf Prothesen braucht man schließlich eine ganz andere Muskulatur: Neue Muskeln im Rumpf müssen die fehlenden Muskeln im Bein ersetzten. Dafür musste ich hart trainieren. Von Anfang an habe ich mit den Prothesen alles Mögliche ausgetestet, was ich alles mit ihnen machen kann. Da konnte mich keiner bremsen – weder Regine und die Ärzte noch meine Eltern oder meine Schwester. Ich kann mich noch gut an die Glücksmomente erinnern, als ich mit Regine meine ersten Schritte ohne Gehhilfen und ohne Wagen gemacht habe, zum ersten Mal Treppen gestiegen und das erste Mal draußen auf dem Klinikgelände gelaufen bin. Den Rest musste ich nach dem Krankenhaus alleine herausfinden.

Mit meinen ersten Prothesen war ich 1,93 Meter– ein Riese. Als mich der Orthopädietechniker aus der BG-Unfallklinik fragte, wie groß ich vor dem Unfall gewesen bin, habe ich mir einen Scherz erlaubt und ein paar Zentimeter dazugemogelt. Ich wollte einfach mal ausprobieren, wie es ist, ein Stückchen größer durchs Leben zu gehen. Ein komisches Gefühl – heute bin ich 1,83 Meter– das passt perfekt.

Ein Stumpf ist wie ein Fingerabdruck: Jede Beinprothese ist Maßarbeit, eine individuelle Sonderanfertigung; denn jeder Schaft muss individuell an den Stumpf angepasst werden. Wenn der Schaft, der die Schnittstelle zwischen Mensch und Prothese ist, nicht passt, kann man nicht auf den Prothesen laufen. Die Alltagsprothesen sind ein Wunderwerk der Technik: Vom Schaft

an bestehen sie komplett aus Carbon, einem kohlestofffaserver-
stärkten Kunststoff. Aus diesem Material bestehen auch die Füße
und Fersen, die mit geteilten Federn versehen sind. Dadurch
können sich die Prothesen perfekt meinem Gewicht anpassen.
Dadurch, dass die elastischen Fersen geteilt sind, habe ich mehr
Standfestigkeit und bin beweglicher. Die geschwungenen Car-
bonfedern sind elastisch und können sich jedem Untergrund
anpassen, Stoßbelastungen abmildern, und ich kann meine Füße
seitlich abrollen. Dadurch entsteht ein so harmonisches Lauf-
bild, dass man mir im Alltag überhaupt nicht anmerkt, dass ich
Prothesen trage.

Ein neuerlicher Rückschlag

Zwei Wochen nach meinen ersten Gehversuchen kam der
nächste Rückschlag: An meinem linken Stumpf hatte sich eine
Nekrose gebildet, die entfernt werden musste. Also musste ich
ein drittes Mal unters Messer. Das hieß: noch zwei Wochen länger im Krankenhaus bleiben. Und ich saß wieder im Rollstuhl.
Ich war verzweifelt; denn ich wollte nur noch nach Hause. Einmal mehr wurde mir klar, dass ich noch einen langen, schwierigen Weg vor mir hatte, bis ich eines Tages endlich wieder ohne
Probleme und aus eigener Kraft durch die Welt würde laufen
können. Auch in solch schweren Zeiten wie dieser habe ich immer versucht, nach vorne zu sehen und nicht zurück. Und bloß
nicht in Selbstmitleid zu verfallen! Die Ungewissheit, wie es mit
dem Leben weitergeht, hat es auch nicht einfacher gemacht. Dass
bei mir alles so prima geklappt hat und die Genesung trotz einiger Rückschläge doch recht schnell verlaufen ist, lag wohl auch
daran, dass ich immer sehr viel Sport gemacht und davon nach
dem Unfall profitiert habe.

Ein Leben im Rollstuhl war für mich von Anfang an keine
Alternative. Das stand für mich zu keinem Zeitpunkt zur De-

batte, dafür habe ich einfach viel zu viel Spaß am Laufen. Ein Leben ohne Laufen kann ich mir niemals vorstellen. Was mich am meisten gestört hat, war, dass man im Rollstuhl nie auf Augenhöhe mit seinem Gegenüber ist. Ich habe es immer gehasst, dass man auf mich hinabgeblickt hat. Mittlerweile vergesse ich manchmal sogar, dass ich nicht auf meinen eigenen Füßen, sondern auf Prothesen laufe. Die Schmerzen können noch so stark sein, aber auf meine Prothesen verzichte ich niemals. Schmerzen kann ich sehr gut ertragen, die blende ich über den Kopf einfach aus, so lange, bis es gar nicht mehr geht. Auch heute noch gehe ich über meine Schmerzgrenzen hinweg; manchmal überschätze ich mich und gehe zu weit. Ich lerne gerade, es nicht zu übertreiben, aber das ist sehr schwer für mich.

Ich konnte es kaum erwarten, nach elf harten Wochen endlich nach Hause zu kommen. Am 22. November 2007 wurde ich aus der BG-Unfallklinik entlassen, im Rollstuhl. Natürlich wäre ich gerne auf meinen eigenen Beinen durch die Eingangstür gegangen, aber die Wunde war noch zu frisch. Ich wollte auf keinen Fall irgendwelche Komplikationen riskieren. Davon hatte ich in der vergangenen Zeit schon genug gehabt. Als mich meine Eltern mit ihrem Auto abholten, hatte ich natürlich das Wichtigste in meinem Gepäck dabei: meine Prothesen.

2. Der Notarzt erinnert sich:
»Das hätte tödlich enden können«

Dr. Daniel Schwarze, Ärztlicher Leiter vom Luftrettungszentrum (LRZ) Christoph 9 Duisburg, war als Notarzt im Rettungshubschrauber im Einsatz, als David in die BG-Unfallklinik nach Duisburg geflogen wurde.

Am Morgen des 8. September, exakt um 8:50 Uhr, ging bei uns ein Notruf ein, der uns nach Moers orderte. Innerhalb von zwei Minuten waren wir mit unserem Rettungshubschrauber Christoph 9, der an der Berufsgenossenschaftlichen Unfallklinik Duisburg stationiert ist, in der Luft – bei Schwerstverletzten zählt jede Sekunde. Wie immer waren wir zu dritt an Bord, neben mir der Pilot und ein Rettungsassistent. Im Rettungshubschrauber hat alles seinen festen Platz: Defibrillator, EKG, Beatmungsgerät, ein Koffer mit Intubationsbesteck, Medikamente, Materialien zum Behandeln von Brandverletzungen und Schienen, chirurgisches Besteck und Vakuummatratze. Ein Team fliegt bis zu sechs Einsätze pro Tag, rund 1.300 Mal sind wir jedes Jahr in der Luft unterwegs; mit maximal 257 Stundenkilometer. Unser Einsatzgebiet umfasst den Niederrhein bis zur holländischen Grenze, das Ruhrgebiet und die Gegend nach Wuppertal, manchmal geht es auch bis nach Köln und Gummersbach.

Während des Flugs informierte uns die Leitstelle, dass eine Person von einem Zug erfasst worden war und durch den Zusammenprall beide Unterschenkel verloren hatte. Wir landeten relativ nah bei der Unfallstelle und liefen ein paar Bahnschienen entlang, bis wir zu der Unfallstelle kamen. Dort lag David parallel zu den Schienen in einem Gebüsch. Wie es aussah, hatte er sich wohl ein paar Meter vom Unfallort fortbewegt. Eine Kollegin vor Ort hatte bereits die Erstversorgung gemacht: die Vitalparameter wie Blutdruck, Kreislauf, Atmung und Temperatur überprüft; einen Zugang gelegt und die erste Infusion mit einem Schmerzmittel verabreicht.

David bekam nicht mehr alles mit, er war schon etwas weggedämmert. Von der Gesamtsituation her war er glücklicherweise recht stabil; Blutdruck und Kreislauf waren gut. Auffällig war auch, dass er keine Blutungen mehr hatte. Durch die niedrige Temperatur – es war recht kalt an diesem Morgen, und er hatte mehrere Stunden in der Kälte gelegen – hatten sich wohl alle Blutgefäße zusammengezogen. Das war sein Glück. Der Nachteil bei dieser Kälte ist, dass die Blutgerinnung schlechter wird.

Wir haben ihn auf eine Trage gelegt, in Wärmefolie eingepackt, narkotisiert und intubiert. Die Amputate wurden eingepackt und mitgenommen. Das macht man immer so; denn erst im Trauma-Zentrum wird entschieden, ob sie replantiert werden können. Seine beiden Unterschenkel waren oberhalb der Sprunggelenke amputiert. Es ist schon schlimm, wenn man jemanden ohne Beine sieht. Ähnlich wie bei Kreissägen-Verletzungen waren die Unterschenkel nicht glatt abgetrennt, sondern die Wunden waren zerfranst, verdreckt und verschmutzt. Das sind für sich gesehen schon schlechte Voraussetzungen für eine Replantation.

Dazu kam, dass seit dem Unfall bereits mehrere Stunden vergangen waren. Ich war positiv überrascht, dass David, obwohl er so lange in der Kälte gelegen hatte, so stabil war. Ich will nicht wissen, was gewesen wäre, wenn er stärker geblutet hätte, wenn sich die Gefäße nicht zusammengezogen hätten, und wenn er noch ein paar Stunden länger da gelegen hätte. Das hätte tödlich enden können. Davids physische Konstitution hat sicherlich auch dazu beigetragen, dass er den Unfall so gut überstanden hat.

Nach knapp acht Minuten Flugzeit landeten wir auf dem Dach der BG-Unfallklinik. Schon im Hubschrauber hatte ich mit einem Kollegen in der Klinik Kontakt aufgenommen, um Davids Zustand zu schildern, so dass bei uns im Trauma-Zentrum alles optimal vorbereitet werden konnte. Auf dem Landeplatz standen bereits ein Arzt und eine Pflegefachkraft parat. Es galt die Stufe Schockraum Rot, die höchste Alarmstufe. Nach zwei Minuten waren wir im Schockraum, wo bereits das gesamte Team auf David gewartet hatte: der diensthabende Oberarzt, drei Assistenzärzte, der Narkose-Arzt mit einer Schwester, zwei Assistenten aus der Zentralambulanz und im Hintergrund noch ein Handchirurg, für eine mögliche Replantation. Im Schockraum befinden sich immer zehn bis elf Leute, alles hochspezialisiertes, besonders geschultes Personal. Von alldem hatte David nichts mitbekommen, weil er narkotisiert war.

Zuerst wurde er komplett ausgezogen und untersucht, um zu sehen, ob noch weitere äußere Verletzungszeichen vorlagen. Da er von einem Zug erfasst wurde, musste man davon ausgehen, dass er noch andere Verletzungen erlitten hatte. David hatte Schürfwunden und Prellungen über den ganzen Rumpf verteilt sowie am Becken, und eine Risswunde am rechten Oberarm. Seine Pupillen wurden kontrolliert; Wirbelsäule, Brustkorb und Becken geröntgt. Danach wurde ein Ultraschall vom Bauch gemacht, um zu sehen, ob die Bauchorgane in Ordnung sind, ob Flüssigkeit oder Blutungen ausgetreten sind. Das war zum Glück nicht der Fall. Anschließend wurde noch eine Computertomographie vom Schädel gemacht; es gab keine Anhaltspunkte für ein Schädel-Hirn-Trauma. Die Verbände wurden entfernt, David bekam zwei Antibiotika als Infusion gespritzt und eine Tetanus-Impfung. Trotz aller Verletzungen und der langen Zeit, die zwischen Unfallbeginn und dem Eintreffen in der Klinik vergangen ist, war David stabil.

Vom Schockraum ging es direkt in den OP zur Not-Operation, die trotz der Schwere seiner Verletzungen nur 80 Minuten dauerte. Beide Unterschenkel wurden vom Schmutz befreit und beschädigte Muskulatur entfernt. Die erste Operation war ein reiner Weichteileingriff. Danach wurden direkt in die Wunden Antibiotikumträger in Form von Ketten eingelegt und mit Haltefäden fixiert, damit das Ganze ein bisschen zur Ruhe kommen konnte. Ein definitiver Stumpf wurde noch nicht gebildet, das passierte erst in der nächsten OP. Im Falle einer Entzündung kann so das mit Keimen infizierte Wundsekret abfließen.

Nach der ersten OP wurde David erst einmal weiter beatmet, da er unter Stress stand und stark unterkühlt war. Weil Davids Kerntemperatur so niedrig war, wurde er mit speziellen Decken und Warmhaltesystemen aufgewärmt und bekam warme Infusionen mit Kochsalzlösung. Aufgrund der Gesamtsituation und auch um akute Schmerzen zu verhindern, wurde er einen Tag lang in Narkose gelegt. Noch unter der Betäubung begann die Physiotherapie damit, alle Extremitäten, die nicht verletzt wurden, zu bewegen. Gelenke mögen keine Ruhigstellung.

Wenn man aus der Narkose aufwacht und merkt, dass einem am Körper was fehlt, denkt man zuerst, man sei im falschen Film. Man bekommt noch nicht alles mit, realisiert vieles erst im Verlauf der Zeit, wenn die Schmerzmittel reduziert werden. Phantomschmerzen, die letzten Endes eine Fehlschaltung im Gehirn sind, hat David, wie er sagt, bis heute nicht gehabt.

Nachdem die Hautweichteile stabil waren, wurde David elf Tage später, am 19. September, zum zweiten Mal operiert. Jetzt wurde die geschlossene Unterschenkelamputation und Stumpfneubildung beiderseits mit Antibiotika-Miniketteneinlage durchgeführt. Beide Wunden wurden noch einmal gesäubert. Der längere Knochen wurde mit einer Säge gekürzt, damit beide Stümpfe die gleiche Länge haben und so später perfekt in die Prothesen passen. Man darf am Anfang nicht zu viel wegnehmen, aber auch nicht zu wenig. Wenn man Pech hat, kann sich durch die Quetschung eine Hautnekrose bilden. Zum Schluss wurden die offenen Wunden dann endgültig verschlossen und die definitiven Stümpfe gebildet.

Danach wurden aus dem kolbenartigen Etwas beiderseits mit einer speziellen Wickeltechnik mit feuchten und trockenen Verbänden zwei schlankere Stümpfe geformt. Die Antibiotikaketten wurden nach und nach entfernt. Später wurden zwei Gips-Abdrücke für die Prothesenversorgung angefertigt. Zuerst wird eine Testprothese hergestellt, die regelmäßig nachgebessert und immer wieder neu angepasst werden muss; denn an einem Tag passt sie und am nächsten wieder nicht. Das ist ganz normal, weil sich der Stumpf die ganze Zeit über verändert. Wenn sich Druckstellen bilden, muss man teilweise gut eine Woche warten, bis die wieder weg sind. Wir Menschen haben alle Hornhaut unter den Füßen, und das ist im Endeffekt genau das Gleiche.

Zwischen Arzt, Patient, Gehschule und Prothesenbauer gibt es eine enge Zusammenarbeit, die von einer intensiven krankengymnastischen Behandlung begleitet wird. Von Anfang an wurde David wie alle Patienten schmerztherapeutisch begleitet und ganzheitlich rundum betreut, damit er wieder alles so hinbekommt wie vor dem Unfall und wieder in seinen normalen Alltag einsteigen kann – zwar mit einem Kunstbein, aber auch damit ist fast alles möglich, sogar eine Karriere als Profisportler. Viel hängt natürlich von der Persönlichkeit des Patienten ab, wie er sich selbst mit seinem Schicksal arrangiert und nach vorne blickt.

Viele frischamputierte Patienten haben erst mal ein Tief, aus dem man sie wieder herausholen muss; manche brauchen psychologische Unterstützung. Davids psychischer Zustand stabilisierte sich rasch. Aber auch für ihn war es ein langer Weg zurück in den Alltag, den er Schritt für Schritt machen musste. Angefangen beim Laufen, das man wie früher als Kleinkind erst wieder neu lernen muss.

Weil sich im linken Stumpf eine Nekrose gebildet hatte, musste David am 6. November zum dritten Mal operiert werden. Am

22. November 2007, nach zweieinhalb Monaten, konnten wir David aus der chirurgischen Behandlung entlassen – zwar im Rollstuhl, weil die Wunde noch geschont werden musste, aber seine Prothesen hatte er dabei.

3. Die Physiotherapeutin blickt zurück: »David ist für viele Amputierte ein großes Vorbild«

Regine Stelzhamer, Physiotherapeutin, arbeitet seit 17 Jahren mit amputierten Patienten in der BG-Unfallklinik Duisburg. Sie hat David nach der Not-OP betreut, ihm in der Gehschule das Laufen beigebracht und ihn nach einer verhängnisvollen Operation, die fast sein Karriereaus bedeutet hätte, wieder fit gemacht.

Fakt ist: Wer zu mir in die Physiotherapie kommt, hat eine Extremität verloren. Das bedeutet für jeden erst einmal Trauer und Verlust, und genau da muss ich den Patienten abholen. Bis zur Rückkehr in das normale Alltagsleben ist es ein langer und schwieriger Weg, den wir zusammen gehen, und wir müssen gucken, dass wir zusammen klarkommen. Immerhin kommt man sich in dieser intensiven Zeit sehr nah. Manchmal muss ich auch eine gewisse Härte zeigen; Selbstmitleid bringt keinen weiter. Ich arbeite sehr gern mit Amputierten – ich kann mir eigentlich gar keine besseren Patienten vorstellen. Es gibt nichts Schöneres, als sie wieder laufen zu sehen, und wenn dabei so eine Erfolgsgeschichte wie bei David herauskommt, ist es natürlich umso schöner.

Normalerweise lasse ich so viel Nähe zu einem Patienten, wie das bei David der Fall war und ist, nicht zu. David ist der einzige meiner Patienten, zu dem ich heute noch freundschaftlichen Kontakt habe. Von Anfang an stand er unter meiner ganz persönlichen Obhut, sozusagen unter »Welpenschutz«. Wir sind von Anfang an prima miteinander klargekommen, und David hat schnell verstanden, dass er nur etwas erreichen kann, wenn er selbst es will. Ich kann nur anleiten und Hilfestellung geben, aber er selbst muss natürlich den Rest dazu wollen.

Als ich David zwei Tage nach der Operation zum allerersten Mal in seinem Bett sah, lag da ein gelbliches, geschwächtes, großes Kind. So eine Amputation ist für einen jungen Mann ein ganz furchtbarer Schicksalsschlag, mit dem man erst einmal fertig werden muss. Auch die Familie muss das alles verkraften. Oftmals sind die Eltern schwieriger zu therapieren als das Kind. Davids Eltern haben sich von Anfang an vorbildlich verhalten – sie haben ihn ziemlich schnell losgelassen und uns vertraut.

Zweimal am Tag habe ich mit David Krankengymnastik gemacht, um die Kniegelenkfunktionen zu erhalten. Schon am zweiten Tag haben wir David in einen Spezial-Rollstuhl mit rückverlagerter Achse gesetzt, damit er nicht umfällt, weil ihm ja die Unterschenkel fehlten. Wir haben ihn im Rollstuhl mobilisiert, seine Knie und seine Hüfte bewegt. Zuerst musste David natürlich lernen, wie man mit dem Rollstuhl umgeht. Ich habe ihm dann »die große weite Welt« hier im Krankenhaus gezeigt. Seine Umgebung konnte David in den ersten Tagen gar nicht richtig aufnehmen, weil er noch unter starkem Einfluss von Medikamenten stand.

Ich kann mich noch gut daran erinnern, wie hilflos David am Anfang war; außer vom Rollstuhl ins Bett und vom Rollstuhl auf die Liege und zurück ging noch gar nichts. Bei den ersten Schwimmversuchen protestierte David vehement gegen die Schwimmflügelchen: er sei doch kein Kind. Doch schnell merkte er, dass es ohne deren Hilfe nicht geht, weil ihm die Unterschenkel fehlten. Nachdem er sich im Wasser sicher gefühlt hatte, konnten wir nach und nach die Luft aus den Schwimmflügeln lassen und dann ganz auf sie verzichten.

Als er auf die Toilette musste, ist ihm schmerzlich klar geworden, dass er nicht mehr im Stehen pinkeln kann. Er hat es dann alleine hingekriegt, aber diese Situation hat ihn psychisch stark mitgenommen.

Bevor die ersten Prothesen angepasst werden können, müssen zuerst die beiden Stümpfe richtig geformt werden; denn in Prothesen springt man nicht mal eben so rein wie in die Schuhe und läuft dann einfach los. Da der Schaft der Prothesen am Anfang gewaltig auf die Stümpfe drückt, verursacht er starke Schmerzen. Man braucht Geduld, weil es lange dauert, bis die Prothesen richtig angepasst sind.

Nachdem David in den ersten Wochen im Rollstuhl gesessen hatte, musste er erst mal kniend sein Gleichgewichtsgefühl wiederentdecken. Nach sechs Wochen hat er zum ersten Mal auf Prothesen gestanden. Eine große Herausforderung; denn David musste wie ein kleines Kind lernen, auf seinen neuen Füßen stabil zu stehen, dabei das Gleichgewicht zu halten und es mit seinen restlichen Gliedmaßen auszugleichen. Man braucht viel Geduld, obwohl man eigentlich nur loslaufen will. Aber je mehr man das Stehen übt, desto schneller kann man nachher gehen. Denn Gehen ist nichts anderes als Stehen, nur mit Gleichgewichtsverlagerung.

Als David seinen Gleichgewichtssinn wiedergefunden hatte, musste er üben, welche Muskeln er anspannen kann, um seine Bewegungen steuern zu können. Seine ersten Schritte hat er am Barren gemacht. Bei der Gehschule wird auch viel gelacht. Seinen Humor hatte David nicht verloren – im Gegenteil: Von ihm kamen von Zeit zu Zeit witzige Sprüche wie: »Ist doch prima mit Prothesen. Im Alter werden die Füße eh hässlich.« Oder: »Wie praktisch, in Zukunft kann ich mir die Fußpflege ersparen.«

Von Anfang an war David viel mit seinen Prothesen unterwegs. Nach drei Tagen hat er starke Schmerzen bekommen. Zu allem Unglück ist auch noch eine Narbe aufgegangen, so dass er nachamputiert werden musste. Mit diesen Rückschlägen musste er erst mal fertig werden. Aber David ist hart im Nehmen. Vier Wochen nach der Operation konnte er schon ohne Krücken wie-

95

der laufen. Geholfen hat ihm beim Gehtraining natürlich auch die Tatsache, dass er von klein auf Motocross gefahren ist und dadurch keine Angst hatte, sich weh zu tun.

Später haben wir draußen zusammen auf dem Rasen-Parcours mit unterschiedlichen Gegebenheiten in der Natur trainiert und, was nicht einfach ist, zu gehen, ohne auf die Füße zu gucken. Mit seinen Prothesen hat David von Anfang an alles Mögliche ausprobiert. Da ließ er sich von keinem bremsen. Mit normalen Prothesen kann man eigentlich weder rennen noch springen, aber David kann es und ist mächtig stolz darauf. Selbstdisziplin hatte er schon damals mehr als genug.

Frühzeitig war es Davids Ziel, auch ohne Füße etwas Großes im Sport zu erreichen. Zuerst dachte er daran, mit Motocross weiterzumachen, doch er hat schnell gemerkt, dass er in der oberen Liga dieser Sportart nicht mehr mitspielen kann. Damit war das Thema für ihn erledigt. Nachdem er im Fernsehen gesehen hatte, wie Oscar Pistorius auf seinen Prothesen allen Konkurrenten davonlief, begeisterte er sich für die Leichtathletik. Am Anfang war ich skeptisch, da er für mich nicht die Statur eines Läufers hatte. Wie man sich doch täuschen kann!

Während der monatelangen Therapie war nicht immer alles eitel Sonnenschein. David hatte natürlich auch Höhen und Tiefen, die haben wir alle im Leben. Es gab auch miese Tage, an denen wir zusammen geweint haben. Wenn er kurzzeitig aufgegeben wollte, weil ihm sein Leben nicht mehr lebenswert erschien, habe ich ihn immer wieder aufgebaut und ihm gezeigt, was er noch alles lernen kann, um das Beste aus seinem Leben zu machen.

Nach der Gehschule war David bestens für den Alltag gerüstet, trotzdem kam er nach der Entlassung aus der Klinik für weitere sechs Wochen zur ambulanten Behandlung zwei- bis dreimal in der Woche zu mir. Auch nach seiner schlimmen Knie-Infektion nach der Meniskus-OP ist er wieder zu mir in die Reha gekommen. Damals war sein Knie fast völlig steif, und das Ganze nahm einen septischen Verlauf. Ich habe gehofft, dass wir das hinkriegen, und es hat ja auch Gott sei Dank geklappt! Das hätte das auch genauso sein Karriereende sein können.

Heute ist David für viele hier im Krankenhaus, die auch amputiert worden sind, ein großes Vorbild, obwohl er sich selber nicht so sieht. Wenn ich hier einen Patienten habe, der reden möchte, brauche ich David nur anzurufen, und er kommt vorbei – das ist nicht selbstverständlich!

Als ich David das erste Mal bei einem Wettkampf live laufen sah, habe ihm den Tipp gegeben, die Federn viel schräger stellen zu lassen, um sein Körpergewicht besser zu verteilen. Das hat er dann auch gemacht und ist dadurch schneller geworden. Von wegen Frauen und Technik!

4. Im Tal der Tränen: Musik ist die beste Therapie

Während der langen Zeit im Krankenhaus habe ich viel Musik gehört. Das hat mich damals getröstet und mir neuen Mut gegeben. Drei Songs hatten für mich eine ganz besondere Bedeutung: »Hallelujah« von Jeff Buckley habe ich jeden Tag gehört, vor allem während der Elektrotherapie, die drei Wochen nach meinem Unfall begonnen hat. Dann verging die Zeit, in der mir Elektromanschetten an die Stümpfe angelegt wurden, um sie durch den Strom abzuhärten, wie im Flug. Wenn ich meinen MP3-Player auf die Ohren gesetzt habe, bin ich in eine andere Welt eingetaucht – in eine Welt, die nur mir allein gehörte. Während dieser halben Stunde auf einer Liege wurde ich von niemandem gestört. Das war eine ganz besondere Zeit für mich; denn im Krankenzimmer war eigentlich immer irgendwas los: Ärzte, Schwestern, Besuch. Nur während der Elektrotherapie war ich für mich ganz allein und konnte bei »Hallelujah«, einem sehr emotionalen Lied, weinen. In dem Moment war ich mir ganz nah und konnte meine Trauer zulassen. Das hat mir auch dabei geholfen, den traumatischen Schicksalsschlag und die Folgen ein Stück weit zu verarbeiten und nach vorne zu blicken.

Mit geschlossenen Augen habe ich mir verschiedene Situationen ausgemalt, zum Beispiel wie ich auf eigenen Füßen durch den Sand langsam ins Meer hineingehe. Dieses Gefühl habe ich immer geliebt, und umso schmerzhafter war es für mich, dass ich das niemals wieder in meinem Leben fühlen würde. Mich damit abzufinden, den Sand und das Meer nie wieder mit meinen eigenen Füßen zu spüren, war der schlimmste und schmerzhafteste Verlust, den ich mir damals vorgestellt habe. Heute weiß ich, dass es auch andere schöne Gefühle gibt. Ich kann zwar nichts mehr fühlen, weil ich keine Füße mehr habe, aber ich freue mich total, wenn ich mit den Prothesen ins Wasser laufe und schwimme. »Hallelujah« ist auch heute noch eines meiner Lieblingslieder, weil es die starken Emotionen, die ich damals in der Klinik empfunden habe, wieder in mir auslöst.

Auch zwei Lieder von Xavier Naidoo, die meine Schwester mir mitgebracht hatte, habe ich in dieser Zeit oft gehört: »Was wir alleine nicht schaffen« und »Dieser Weg«. Die beiden Songs passten haargenau zu meiner damaligen Situation: Da hieß es: »Was wir alleine nicht schaffen, das schaffen wir dann zusammen« und »Dieser Weg wird kein leichten sein, diese Weg wird steinig uns schwer«. Mir war klar, dass ein schwerer Weg vor mir lag, war mir aber auch sicher, dass es wieder nach vorne gehen wird. Die beiden Lieder haben mich immer wieder motiviert, nicht aufzugeben und hart an mir zu arbeiten. Wenn ich heute die Musik, die mich im Krankenhaus begleitet hat, höre, kommen die Emotionen und Bilder aus der schweren Zeit vor sechs Jahren wieder in mir hoch, und ich werde sehr nachdenklich. In diesen Momenten werde ich von meinen Gefühlen überflutet und schwach, was ich sonst nicht oft zulasse. Mich ab und zu wieder an diese Zeit zu erinnern und daran, was ich damals empfunden habe, ist wichtig für mich; denn ich denke dann stets daran, wie ich mein Leben trotz allem doch wieder geregelt bekommen habe. Und mir wird bewusst, wie lebenswert und glücklich mein Leben als Behinderter ist.

Vielleicht braucht jeder, der so einen furchtbaren Unfall hatte und eine schwere Zeit durchleben musste, bestimmte Lieder, die einen stark berühren und die genau das ausdrücken, was man fühlt. Als ich die drei Songs das erste Mal gehört habe, wusste ich, dass sie mich nicht nur in dieser besonders schweren Zeit begleiten werden, sondern mein ganzes Leben lang. Die Musik half mir dabei, mit Schmerzen, Trauer und Rückschlägen fertigzuwerden und den Blick nach vorne, in die Zukunft, zu richten. Vielleicht brauchte ich auch deshalb nie einen Psychologen; denn in gewisser Weise waren die Lieder meine Therapie.

Seit London begleiten mich zwei weitere Songs in meinem Leben: »Beautiful« von »Seed« lief immer während des Abspanns der ARD-Übertragung von den Paralympics. Wenn ich das Lied heute höre, erinnere ich mich an die tolle Zeit in London, dann spulen sich automatisch Bilder in meinem Kopf ab: vom Einmarsch ins ausverkaufte Olympiastadion, der spektakulären Eröffnungsfeier oder von der Siegerehrung, als wir die Bronzemedaille für die Staffel bekamen. Mittlerweile höre ich immer wieder sehr gerne »Coldplay«, weil die Band bei der Abschlussfeier live im Stadion gespielt hat. Das war eine gewaltige Show. »Coldplay« höre ich im Auto und in meiner Wohnung oft und laut, so dass sich meine Nachbarn ab und zu beschweren. Durch Musik kommen bei mir einfach ganz große Emotionen hoch.

5. Ein schwerer, steiler Weg zurück ins normale Leben

Als ich nach elf harten Wochen aus der Klinik entlassen wurde, holten mich meine Eltern mit ihrem Wagen ab. Weil die Narbe nach der letzten OP noch nicht ganz verheilt war und ich nicht auf meinen Prothesen laufen durfte, war ich mal wieder auf den Rollstuhl angewiesen. Das war keine leichte Zeit für mich, da ich von Kindesbeinen an immer viel Sport gemacht habe und jetzt recht eingeschränkt in meiner Bewegungsfreiheit war. Was ich wollte, war so schnell wie möglich wieder auf meinen Beinen laufen.

Nach zwei Wochen brauchte ich den Rollstuhl nicht mehr und konnte endlich wieder meine Prothesen anziehen. Jetzt konnte ich auch mit meiner ambulanten Reha, dem Gehschul-Training in der der BG-Unfallklinik, beginnen. Für mich stand von vornherein fest, dass ich meine weiteren Schritte unbedingt unter der Obhut meiner vertrauten Physiotherapeutin machen wollte. Zu Regine hatte ich während der langen Zeit im Krankenhaus großes Vertrauen entwickelt. Sie hatte verdammt gut auf mich aufgepasst und war meine wichtigste Bezugsperson. Jemand anders kam für mich in der Reha gar nicht in Frage.

Die nächsten sechs Wochen holte mich dreimal in der Woche ein Taxi von zu Hause ab und brachte mich nach Duisburg in die BG-Unfallklinik. Da die letzte Operation noch nicht lange her war, fing ich ganz langsam und vorsichtig mit dem Prothesen-Training an. Ich wollte unbedingt vermeiden, dass die Narbe aufplatzt oder sich entzündet. Die Gehschule war harte Arbeit, denn ich musste das Laufen komplett neu lernen. Zudem braucht ein Prothesenläufer bei jedem Schritt doppelt so viel Kraft wie ein Mensch mit zwei gesunden Beinen. Meine Tage verbrachte ich bei Regine und im Fitnessraum, um meine Muskulatur langsam aufzubauen und meine Beweglichkeit zu verbessern. Ich habe auch viel Stabilisationstraining gemacht, um die neuen Bewegungsabläufe gut koordinieren zu können. Es dauerte, bis ich das einigermaßen stabil hinbekam. Ich musste lernen, meine Hüfte ganz anders zu steuern, sie beim Gehen über die Beine zu schieben. Doch unter Regines Anleitung machte ich schnell Fortschritte. Nach drei Wochen hatte ich gelernt, auf meinen Prothesen zu gehen. Was war das für ein herrliches Gefühl, ohne Gehhilfen wieder selbst gehen zu können, und auf Augenhöhe mit den anderen Menschen zu sein. Das war ein besonderer Moment! Regine hatte mich mit harter Hand geführt, und nach sechs Wochen meinte sie, dass sie mir nun alles gezeigt und beigebracht hat, was sie könne – den Rest müsse ich nun alleine lernen. Jetzt lag es an mir, mich besser mit meinen Prothesen vertraut zu machen, indem ich mit ihnen selbst austeste, was alles möglich ist. Was Regine mir auf den Weg mitgegeben hat, reichte allemal, um im Alltag klarzukommen. Als ich im Januar 2008 die Gehschule und das Lauftraining hinter mir hatte, konnte ich prima ohne Gehhilfen laufen. An diesem Tag hat mein Leben auf Prothesen eigentlich erst richtig begonnen.

Obwohl ich anfangs starke Schmerzen hatte, habe ich meine Prothesen von morgens bis abends getragen. Viele sehen ihre Prothesen als Fremdkörper, als Hilfsmittel an, aber für mich sind sie ein Teil von mir – meine Beine. Ich habe zwar keine eigenen Füße mehr, aber durch die Prothesen habe ich wieder welche. Meine Prothesen gehören einfach zu mir dazu – so wie für einen anderen die Schuhe. Der Vorteil ist, dass ich jeden Schuh anziehen kann und keiner drückt. Für mich ist das weder Behinderung noch Handicap – für mich ist das einfach mein Leben: Sie gehören zu mir, und in gewisser Weise bin ich auch ein bisschen stolz drauf, was ich alles mit ihnen machen kann. Ich selbst fühle mich nicht behindert, mir fehlen eben einfach die Füße.

Promi-Post aus Italien

Eines Tages, als ich mit meinem Schicksal mal wieder ein bisschen gehadert hatte, bekam ich Post aus Italien – von dem früheren Formel-1-Piloten Alessandro Zanardi, der 2001 bei einem Crash beide Beine verloren hatte. Der ließ sich durch den furchtbaren Unfall aber nicht bremsen, setzte sich wieder ins Cockpit und fuhr WM-Rennen. Wie kam ich zu der Ehre, dass mir so ein prominenter Rennfahrer persönlich geschrieben hatte? Die ganze Geschichte klärte sich schnell auf. Wir hatten damals in unserer Siedlung italienische Nachbarn, die nach meinem Unfall mit ihrem Landsmann Kontakt aufgenommen hatten. In einem Brief hatten sie ihm von meiner Geschichte berichtet. Und daraufhin war postwendend eine große Autogrammkarte von Zanardi bei mir eingetrudelt, die hinten komplett beschrieben war, natürlich auf Italienisch. Meine Nachbarn Carla und Franco haben mir den Text dann übersetzt. Er hat mir Mut zugesprochen und mir gezeigt, dass das Leben weitergeht. Sein Brief hat mich damals gewaltig aufgebaut und motiviert, nicht aufzugeben. Er war der Erste, der mir persönlich geschrieben hat. Die Karte hängt heute eingerahmt in meiner Leverkusener Wohnung. Später habe ich auch sein Buch gelesen.

Bei den Paralympics in London hatte Zanardi zwei Goldmedaillen in der Disziplin Handbike gewonnen. Schade, dass ich ihn in London nicht persönlich getroffen habe, aber seine Rennstrecke war zu weit vom Olympiastadion entfernt, und ich musste mich auf meine eigenen Wettkämpfe vorbereiten. Vielleicht klappt es ja bei den nächsten Paralympics in Rio.

Weil schon im Krankenhaus in mir der Entschluss gereift war, Profisportler zu werden, brach ich meine Ausbildung zum Fachinformatiker, die ich kurz vor dem Unfall begonnen hatte, leichten Herzens ab. Die erste Zeit nach der Entlassung ist es mir noch schwer gefallen, mich auf die ganz normalen Dinge des Lebens zu konzentrieren, weil so viele Dinge in meinem Kopf herumschwirrten. Ich musste erst mal Klarheit in das gedankliche Chaos bringen.

Mein Motorrad, das ich mir erst vier Monate vor dem Unfall geleistet hatte, verkaufte ich schweren Herzens. Das tat richtig weh! Vorher hatte ich mich lange Zeit mit dem Gedanken gequält, ob ich mich nicht doch noch einmal auf das Abenteuer Motocross einlassen sollte. Doch letztendlich wäre das Verletzungsrisiko viel zu groß gewesen: Beim Motocross gehören Stürze einfach dazu. Und die könnten mit Prothesen übel enden: Würden die sich im Fallen verkanten, wären die Kniegelenke ganz schnell kaputt. Das war mir dann doch zu gefährlich! Auch wenn es schmerzte: Das Kapitel Motocross war damit für alle Zeiten für mich vorbei.

Kurz nach meiner Entlassung aus dem Krankenhaus bin ich zum Unfallort gefahren. Diesen Moment wollte ich nicht zu lange herauszögern, weil ich verhindern wollte, dass sich bei mir irgendeine Angst festsetzt. Mittlerweile kann ich die Glückauf-Schranke ohne Emotionen überqueren, zu Fuß, im Auto – und auch auf dem Fahrrad.

Meine Genesung und meine Rückkehr ins normale Leben verliefen in atemberaubendem Tempo. Die Ärzte waren überrascht, wie schnell ich mit den Prothesen zurechtkam. Doch ich wollte mehr, als nur durch den Alltag kommen. Nur wusste ich nicht, wie ich das mit dem Profisport anfangen sollte ...

6. Auf Prothesen über Stock und Stein – mit den Hunden

Im März 2008 war ich so weit, dass ich zum ersten Mal mit unseren beiden Boxern, Rocky und Kyra, spazieren gehen konnte. Bei meinen ersten Geh- und Laufversuchen begleitete mich immer jemand aus meiner Familie – meistens meine Schwester. Nachdem ich mit den Prothesen auch draußen gut zurechtkam, bin ich alleine mit den beiden losgezogen. Jeden Tag haben mich die Hunde von Neuem motiviert, aus dem Haus zu gehen und mich an der frischen Luft viel zu bewegen. Sie waren meine treuen Begleiter auf meinen Expeditionen, die immer weitere Kreise zogen. Sie waren die besten Outdoor-Trainer, die ich mir vorstellen konnte! Besser als jeder Personal-Coach!

Wenn ich mit Rocky und Kyra unterwegs war, habe ich mir mit jedem Mal mehr zugetraut und schnell Fortschritte gemacht. Von Anfang an habe ich mit den Prothesen alles Mögliche ausgetestet. Mein Ziel war es, alles mit ihnen zu machen, was Menschen ohne Prothesen auch können. In meinem Eifer konnte mich nichts bremsen. Grenzen sind dazu da, sie zu überwinden. Wenn ich Schmerzen hatte, habe ich die Zähne zusammengebissen – von meinen Experimenten abhalten ließ ich mich dadurch nicht. Von großem Vorteil war, dass ich von Kindesbeinen an immer sehr sportlich war: Außer Motocross habe ich Fußball, Tennis, Hockey und Basketball gespielt. Als Sportler hat man ein ganz anderes Körpergefühl, eine bessere Grundspannung und Muskulatur. Wenn man sportlich ist, kommt man mit Prothesen im Alltag viel besser klar.

Zu dritt sind wir Kilometer durch den Wald und die Felder gestromert. Es gab kein Hindernis, das ich nicht versucht habe zu überwinden. Ich weiß nicht, wie oft ich auf die Nase gefallen bin, wenn ich neue Dinge ausprobiert habe. Entmutigen lassen habe ich mich von keinem einzigen Fehlversuch – im Gegenteil: Sie spornten mich an, immer wieder aufzustehen, von vorne anzufangen und so lange zu probieren, bis es klappte. Nur so kommt man weiter und macht Fortschritte! Bei allem, was ich tat, habe ich die Prothesen immer maximal belastet, um ihre Grenzen auszutesten. Wenn ich unterwegs war, hatte ich immer ein Tapeband dabei. So konnte ich die Prothesen wieder vor Ort zusammenflicken, wenn etwas kaputt gegangen ist. Das passierte des Öfteren. Am empfindlichsten sind die Füße und die Testschäfte, die können bei starker Belastung oder Stürzen schnell mal brechen. Bei mir sind schon einige Prothesen zu Bruch gegangen und mussten von meinem Techniker geflickt werden. Wenn man wie ich die Prothesen die ganze Zeit anhat und alles mit ihnen macht, dann ist der Verschleiß natürlich dementsprechend groß. Alle eineinhalb Jahre brauche ich ein neues Paar.

Nach zwei Monaten versuchte ich das erste Mal, im Wald zu laufen, und rutschte dabei immer wieder aus. Nicht nur das Gehen, auch das Laufen musste ich ganz neu lernen. Das war alles andere als ein Kinderspiel! Ich kann mich noch gut daran erinnern, was das für ein Glücksmoment gewesen ist, als ich das erste Mal mit meinen Prothesen richtig gerannt bin. Ich war mit meiner Schwester und den Hunden im Wald unterwegs und lief mit ihnen um die Wette. Ich war richtig schnell. Esther und ich lagen uns in den Armen und weinten vor Freude. Sogar die Hunde merkten, dass etwas Besonderes passiert war. Freudestrahlend lief ich nach Hause – ich musste meinen Eltern doch zeigen, wie schnell ich auf den Prothesen unterwegs bin. Auch bei meinen Eltern flossen vor Rührung viele Tränen. Dass ich auf meinen Prothesen richtig schnell laufen konnte, war für die ganze Familie ein sehr emotionaler Moment. Und mich brachte der gewaltige Fortschritt meinem Wunsch, Profisportler zu werden, ein großes Stück näher.

Mit der Zeit klappte das Laufen immer besser, und ich wurde wagemutiger: Ich bin mit den Prothesen immer längere Strecken gejoggt und habe langsam das Tempo gesteigert. Mit Rocky und Kyra rannte ich bergauf und bergab um die Wette, und wir kletterten auf Baumstämme. Dabei konnte ich mein Gleichgewichtsgefühl austesten und trainieren. Das gelang recht bald, weil mir die Körperbeherrschung aus meiner Motocross-Zeit zugute kam. Jedes Mal, wenn mir was Neues mit den Prothesen gelungen war, war ich glücklich und stolz. Besonderen Spaß machte es mir, mit den Hunden im Baggerloch zu schwimmen. Eigentlich soll man mit Prothesen nicht ins Wasser gehen, weil sie schneller kaputt gehen und rosten können. Aber ich schöpfe immer alles aus, was mit ihnen möglich ist. Eben auch schwimmen. Den Beinschlag schaffe ich auch mit Prothesen. Eine verrückte Erfahrung war, dass ich selbst das Autofahren erst wieder neu lernen musste. Aber auch das klappte recht schnell. Das einzige Problem, das mir bis heute geblieben ist, sind Schmerzen, aber da bin ich hart im Nehmen.

Ohne die Hunde wäre ich nach dem Krankenhaus und der Reha nicht so schnell auf die Beine gekommen. Sie waren meine treuen Therapeuten auf vier Pfoten. Besonders Rocky, mein Hund, mit dem ich von Anfang an eng verbunden war, hat mir sehr geholfen. Die ersten Tage, als ich im Krankenhaus war, hat er nicht mehr gefressen, weil es für ihn unerträglich war, mich nicht zu sehen. Instinktiv hat er gespürt, dass irgendetwas mit mir nicht in Ordnung war. Überall hatte er mich gesucht. Nach ungefähr einer Woche kamen die Hunde das erste Mal auf das Klinikgelände. Ich saß draußen noch völlig geschwächt in meinem Rollstuhl und konnte es kaum erwarten, Rocky und Kyra wiederzusehen. Beide merkten, dass sie jetzt nicht mit mir toben durften, sondern vorsichtig mit mir umgehen mussten. Von ihrem ungestümen Wesen war in dem Moment nichts zu spüren, so behutsam, wie sie mit mir umgingen.

Ein Jahr nach meinem Unfall ist Rocky in meinen Armen kollabiert und gestorben. Davor war er kerngesund und ein Kraftpaket. Plötzlich wurde er immer schwächer und brach manchmal beim Spaziergang einfach zusammen. Von seinem unbändigen Temperament war nichts mehr zu spüren. Zum Schluss hatte er ein komplettes Nieren- und Organversagen. Ich hatte damals alles versucht, um ihm zu helfen. Noch am Tag vor seinem Tod hatte ich in Hamburg angerufen, um einen Termin für die Dialyse auszumachen. Meinen Hund, den ich so geliebt habe, so leiden und sterben zu sehen, war furchtbar für mich. Noch heute werde ich traurig, wenn ich an ihn denke. Mit mir ging es damals zwar langsam aufwärts, aber es war eine sehr schwere Zeit, so einen treuen Freund zu verlieren.

Auch wenn es pathetisch klingen mag, aber ich bin davon überzeugt, dass Rocky sein Leben für meines geopfert hat. Er hat mir so viel von seiner Kraft gegeben, dass er für sich selbst keine mehr übrig hatte. Rocky zu verlieren war einer der allerschlimmsten Momente in meinem Leben. Ich werde nie vergessen, was Rocky alles für mich getan hat.

V. Profisport:
Mein drittes Leben

1. Mit Hightech-Federn im Spitzentempo zur Weltspitze

Ein folgenreiches Treffen im Westerwald

Innerhalb von nur zwei Jahren bin ich auf meinen Hightech-Prothesen bis zur Weltspitze gesprintet. Heute bin ich der schnellste Läufer ohne Füße in ganz Europa. Begonnen hatte alles mit einer Fahrt im Westerwald im Juli 2008. Mein ehemaliger Orthopädie-Techniker aus der BG-Unfallklinik hatte mir von einer »Biker-Party for handicaped people«, einer Gruppe behinderter Motorradfreunde, erzählt, die regelmäßig dort zusammenkamen. Von ihm wusste ich auch, dass bei dem Treffen einige behinderte Sportler von Bayer Leverkusen dabei sein würden. Der einzige Sportler mit Handicap, den ich zu diesem Zeitpunkt aus dem Fernsehen kannte, war Oscar Pistorius, der damals im Krankenhaus meinem Leben wieder Sinn gegeben hatte. Mit dem Traum vom Profisport im Kopf, den er bei mir ausgelöst hatte, war ich natürlich neugierig, endlich persönlich den einen oder anderen behinderten Sportler zu treffen. Also machte ich mich kurz entschlossen mit meinen Eltern und zwei Freunden auf den Weg in den Westerwald.

Veranstaltet wurde das Treffen von Thomas »Tom« Kipping, dem Orthopädietechnikermeister, der alle deutschen Top-Athleten mit Handicap bestens kennt. Als technischer Experte ist er für die Prothesen der Nationalmannschaft des Deutschen Behindertensportverbandes verantwortlich. Als wir miteinander ins Gespräch kamen, erzählte ich ihm von meinem Unfall und dass ich seitdem beidseitig amputiert bin. Auch mit meinen Plänen, Leistungssportler zu werden, hielt ich nicht hinter dem Berg. Tom war beeindruckt, wie gut ich mit meinen Alltagsprothesen gehen konnte, obwohl seit dem Unfall gerade einmal zehn Monate vergangen waren.

Später am Abend stellte er mir Heinrich Popow vor, dem aufgrund einer seltenen Krebserkrankung im Kindesalter ein Unterschenkel amputiert werden musste. Wir beide fanden uns auf Anhieb sympathisch – die Chemie zwischen uns stimmte von Anfang an. Heinrich, der etliche Medaillen bei Weltmeisterschaften und den Paralympics gewonnen hatte, trainierte schon seit einigen Jahren beim TSV Bayer 04 Leverkusen. Heinrich erzählte mir viel über den Leistungssport als Behinderter und schwärmte mir von seinem Verein vor: Bayer war und ist der Vorzeigeverein für Behindertensport in Deutschland. Dort trainieren seit vielen Jahren behinderte und nichtbehinderte Athleten zusammen und fahren gemeinsam in Trainingscamps. Bei Bayer gehört Inklusion schon lange zum praktischen Alltag im Profisport.

Umgeben von Athleten

Heinrichs spontane Einladung zum Bayer-Meeting nahm ich begeistert an. Ich war total angefixt von den Möglichkeiten, die sich mir dort eröffnen könnten. Zwei Wochen später fuhr ich aufgeregt und voller Neugier zum Meeting nach Leverkusen. Heinrich nahm mich sofort unter seine Fittiche, stellte mich anderen Behindertensportlern vor und zeigte mir die ganze Sportanlage mit dem Stadion und der Leichtathletikhalle. Es war einfach irre, wie viele behinderte Sportler sich unter den Athleten tummelten. Völlig entspannt, als wäre es das Normalste auf der Welt. Ich war hellauf begeistert von der tollen Atmosphäre. So stellte ich mir gelebte Inklusion vor. Mein Entschluss stand fest: Hier wollte ich auch trainieren! Abends lernte ich den Geschäftsführer der Behindertensportabteilung, Jörg Frischmann, kennen. Er war der allererste behinderte Sportler, der bei Bayer trainiert und viele Medaillen gewonnen hatte. Als er mich zu einem Probetraining einlud, war ich meinem großen Traum ein ganzes Stück näher gekommen.

Nach dem Probetraining im Oktober, das für mich gut gelaufen war, stand fest, dass Bayer Leverkusen mein Verein wird. Ich bin sofort Mitglied geworden. Ein gutes Jahr nach meinem Unfall begann ich offiziell mit meinem Training bei Steffi Nerius. Zwei Monate später sollte ich eine reife Leistung abliefern, die für Überraschung sorgte. Bei einem Sichtungslehrgang in Leverkusen, einer Art Sprint-Workshop, lief ich mit meinen gewöhnlichen Alltagsprothesen, die ich noch aus der BG-Unfallklinik hatte, die 100 Meter in 15 Sekunden. Das war schon eine großartige Zeit! Damit waren die Weichen für meine sportliche Zukunft gestellt.

Ende des Jahres zog ich in meine erste eigene Wohnung nach Leverkusen um. Das Pendeln zwischen Moers und der Trainingsanlage, zweimal am Tag, war mir auf Dauer zu anstrengend. Nach dem Training war ich sowieso fix und fertig und ging auf dem Zahnfleisch.

Finanzielle Sorgen musste ich mir nach meinem Unfall glücklicherweise nicht machen. Dass ich danach nicht in ein großes finanzielles Loch fiel, hatte ich meiner Mutter zu verdanken, die, weitsichtig wie sie war, während meiner Motocrosszeit eine Unfallversicherung für mich abgeschlossen hatte. Durch die Soforthilfe bekam ich auf einen Schlag eine größere Summe ausgezahlt, mit der ich meinen Weg in den Spitzensport finanzieren konnte. Ohne die stattliche Soforthilfe hätte ich nicht gewusst, wovon ich hätte leben sollen. Dann wäre wohl der Gang zum Sozialamt fällig geworden – und damit wäre mein Traum vom Neustart im Spitzensport zu Ende gewesen, bevor er richtig begonnen hatte. Dank der Invaliditätsleistung und einer lebenslangen monatlichen Unfallrente konnte ich mir in Leverkusen ein komplett neues Leben aufbauen. Ich hatte genug Geld, um meinen Lebensunterhalt und verschiedene Trainingslager zu finanzieren.

Die erste Zeit bei Bayer bin ich tapfer auf meinen Alltagsprothesen gelaufen. Mit Carbon-Federn durfte ich anfangs noch nicht trainieren, dazu musste ich erst das entsprechende Training absolvieren, um Muskulatur und Stabilisation aufzubauen. Ohne das geht gar nichts. In Sprint-Prothesen kann man sich nicht einfach reinstellen und loslaufen, da würde es einem den Rücken wegfetzen und die Wirbelsäule kaputt machen. Auf die Kniegelenke und die Bandscheiben wirken enorme Kräfte ein – bis zu einer Tonne pro Laufschritt. Also verbrachte ich die nächsten Wochen mit intensivem Stabilisationstraining für den Rücken, die Hüfte, das untere Becken und die Knie. Dazu kam jede Menge Krafttraining, damit mein Körper den gewaltigen Druck, der von den Federn ausgeht, überhaupt aushält.

Meine ersten Hightech-Rennfedern: Ein Stück Weltraum an den Füßen

Im April 2009 war es endlich so weit: Ich bekam meine ersten eigenen, heißersehnten Carbon-Prothesen, ein Stück Weltraum an meinen Füßen. Zum Ausprobieren schenkte mir Heinrich seine alten Federn, die neuen Schäfte baute mir Toms Firma im Westerwald, »Aktiv Prothesen Technik« (APT). Als ich in sie hineinschlüpfte, wollte ich sie gar nicht mehr ausziehen. Die passten wie angegossen. Dann bin ich losgelaufen – und flog nur so über die Bahn. Es war ein unbeschreibliches, himmlisches Gefühl, Emotion pur! Und ein Riesenspaß. Ich war stolz und überglücklich. Erstaunlicherweise bin ich beim ersten Mal, als ich mit dem Hightech-Material unterwegs war, nicht auf die Fresse gefallen. Eines Tages möchte Ich so harmonisch laufen können wie Oscar Pistorius, der läuft einfach perfekt.

Das Bremsen war allerdings höllisch schwer. Ich hatte so viel Tempo drauf und musste die Energie, die in den Federn steckte, auch wieder bändigen. Zwar können die Federn nicht mehr

Kraft entwickeln als ein gesundes Bein, aber um die Energie wieder aus den Federn herauszubekommen, braucht man eine spezielle Technik, sonst läuft man einfach immer weiter. Und die musste ich mir natürlich im Training erst einmal mühsam aneignen. Anfangs haben die Federn noch mich kontrolliert – und nicht, wie es sein sollte, ich sie. Eigentlich sollte ich die Federn nur zehn Minuten tragen, aber ich war so beflügelt vom Rausch der Geschwindigkeit, dass ich sie eineinhalb Stunden nicht mehr ausgezogen habe. Am liebsten hätte ich sie gar nicht mehr hergegeben.

Den Schmerz hatte ich völlig ausgeblendet. Damit hatte ich ja schon reichlich Erfahrung. Die Quittung bekam ich allerdings prompt dafür: Meine Stümpfe waren blutig und aufgerissen. Das konnte mich aber nur kurz vom Training abhalten. Ich biss die Zähne zusammen und lief einfach weiter. Das war wie eine Sucht. In meinem Trainingseifer konnte mich keiner bremsen. Wenn ich mir einmal was in den Kopf gesetzt habe, ziehe ich es konsequent durch, getreu meiner Devise: ganz oder gar nicht.

Um Entzündungen, Schwellungen und Schmerzen an den Stümpfen zu vermeiden, ist eine optimale Anpassung extrem wichtig. Das ist Millimeterarbeit. Auf meinen Prothesenbauer Benjamin Born, von der Orthopädie-Firma ATP in Koblenz, kann ich mich hundert Prozent verlassen. Ihm ist bisher noch für jedes Problem eine Lösung eingefallen. Außerdem stimmt zwischen uns die Chemie – auch das ist wichtig. Ohne meinen Techniker kann ich im Sport nichts reißen. Denn nur wenn die Prothesen optimal sitzen, kann ich Höchstleistungen bringen. So viel Hightech hat natürlich seinen Preis: Ein maßgeschneidertes, individuell angepasstes Paar Carbon-Federn kostet an die 30.000 Euro.

Mein erstes Trainingslager

Zwei Tage nachdem ich meine neuen Prothesen bekommen hatte und vor Glück über dem Boden schwebte, durfte ich zum ersten Mal mit ins Trainingslager nach Lanzarote fliegen. Von morgens bis abends trainierte ich bis zum Umfallen auf der Laufbahn. So schnell zu laufen war atemberaubend, von Training zu Training lief es runder. Langsam bekam ich die schnellen Federn in den Griff – bis ich ziemlich übel stürzte: Bei einem 200-Meter-Tempolauf war ich ausgangs der Kurve leicht unkonzentriert. Die Quittung folgte auf den Fuß: Mit der rechten Feder trat ich in den Boden und blieb hängen. Die linke Feder katapultierte mich mit voller Wucht aus der Kurve heraus. Die Energie, die aus der Feder kam, war so gewaltig, dass ich in der Luft einen filmreifen Salto gemacht habe und rücklings auf die Tartanbahn geflogen bin. Ohne groß nachzudenken, stand ich sofort wieder auf, ging direkt auf die 200-Meter-Startbahn zurück und rannte noch einmal los. Angst wollte ich erst gar nicht aufkommen lassen. Ich hatte mir zwar einige schmerzhafte Blessuren eingefangen – viele Stellen am Körper waren aufgeschürft –, aber vom Training, das mir so unbändigen Spaß machte, konnte mich das nicht abhalten. Im Wegstecken von Schmerzen bin ich eh ein Meister.

Im Trainingslager auf Lanzarote lief ich die ganze Zeit mit den Mehrkämpferinnen und Sprinterinnen von Bayer Leverkusen, die zu den Sportlerinnen von Karl-Heinz »Kalle« Düe gehörten, einem der erfolgreichsten Trainer des Vereins. Sein Training hat mir von Anfang an so gut gefallen, dass ich bei ihm geblieben bin – bis heute. Er ist ein klasse Coach und ein wunderbarer Mensch, zu dem ich hundertprozentiges Vertrauen habe. Bei ihm bin ich in besten Händen. Nach meinem ersten Trainingslager verlief meine sportliche Karriere wie im Schnelldurchlauf – innerhalb von nur zwei Jahren sollte ich in der Weltspitze ankommen.

Medaillenregen beim ersten internationalen Wettkampf

Fünf Monate nach dem Trainingslager hatte ich im indischen Bangalore meinen ersten großen internationalen Auftritt. Erst im allerletzten Rennen hatte ich mich für die IWAS-WM, die Weltmeisterschaft der »International Wheelchair and Amputee Sports Federation«, qualifiziert. Dafür musste ich eine Zeit von 12:30 Sekunden laufen. Die geforderte Norm hatte ich mit 12:29 Sekunden so gerade noch im allerletzten Rennen geschafft. Das sollte nicht das letzte Mal sein, dass ich noch im letzten Moment auf den Zug aufspringen konnte.

Bei meiner ersten Weltmeisterschaft habe ich gleich drei Medaillen gewonnen: eine goldene in der 4 x 100-Meter-Staffel, und jeweils eine silberne über 100 und 200 Meter. Das war ein Einstand nach Maß! Meine Bestzeit über 100 Meter, 11,66 Sekunden, besteht bis heute; an die Zeit bin ich nie wieder herangelaufen. Der einzige Wermutstropfen war, dass die internationalen Top-Stars in Indien leider nicht dabei waren. Trotzdem war die WM in Bangalore eine wunderschöne Zeit für mich, an die ich gerne zurückdenke. Wir deutschen Sportler waren ein Superteam und hatten mit den Athleten aus anderen Nationen viel Spaß.

Es ist schon ungewöhnlich, dass ich in Rekordgeschwindigkeit auf der internationalen Bühne des Behindertensports ganz oben angekommen war: Nach nur einem Jahr Training kam ich überglücklich von der Weltmeisterschaft mit drei Medaillen im Gepäck nach Hause zurück.

Rückschlag aus heiterem Himmel

Nach dem Triumph in Indien 2009 blickte ich voller Optimismus in die Zukunft. Ich hatte Großes vor, wollte noch schneller auf meinen Carbon-Federn werden und hatte die WM in Neuseeland 2011 fest im Blick. Doch das nächste Jahr stand für mich unter keinem guten Stern. Nach dem unverhofften Medaillenregen in Indien kam es knüppeldick: Erst musste ich in den ersten Monaten wegen einer Patellasehnenreizung eine Zwangspause vom Training einlegen. Aber es sollte noch schlimmer kommen: Kaum war ich wieder fit und hatte den Trainingsrückstand einigermaßen aufgeholt, ließ die nächste Hiobsbotschaft nicht lange auf sich warten: Im Juni stand der Verdacht auf Pfeiffersches Drüsenfieber und Hepatitis A im Raum. Glücklicherweise gab es einige Tage später von den Ärzten Entwarnung – die niederschmetternde Diagnose hatte sich nicht bestätigt. Ich atmete erleichtert auf. Was mir zu schaffen machte, war eine Virusinfektion, an der ich allerdings lange herumlaborierte. Wieder war an Training nicht zu denken, und ich war zur Untätigkeit verdammt. 2010 war schon ein verdammtes Seuchenjahr!

Duell mit Oscar Pistorius

Im Januar 2011 war es endlich so weit – die Weltmeisterschaft des größten Behindertenverbandes, des »International Paralympic Commitee«, kurz IPC, stand vor der Tür. In Neuseeland sollte ich endlich auf die besten Behindertensportler der Welt treffen – und auf Oscar Pistorius, dem ich so viel zu verdanken hatte. Der südafrikanische Bladerunner hatte mir damals in meinen schwärzesten Tagen im Krankenhaus, als ich nicht wusste, wie es in meinem Leben ohne Beine weitergehen sollte, die Augen geöffnet: Er war das lebende Beispiel dafür, zu welch außergewöhnlichen Leistungen behinderte Menschen in der Lage sind. Durch sein Vorbild inspiriert, bin ich Leistungssportler geworden. Wie oft hatte ich in den vergangenen vier Jahren davon geträumt, eines Tages so gut zu werden, dass ich gegen den Star des Behindertensports antreten kann. In Christchurch konnte ich mich, sehnsüchtig erwartet, mit dem schnellsten Mann der Welt ohne Füße messen. Im 400-Meter-Finale lief Pistorius uns allen erwartungsgemäß davon, aber ich wurde hinter ihm Zweiter, mit neuem Europarekord. 250 Meter konnte ich mit ihm mithalten, doch dann fehlten mir die Ausdauer und die Kraft. Die Silbermedaille war ein riesiger Erfolg, der mir bis heute unendlich viel bedeutet.

Mit diesem Lauf war ich endgültig in der Weltspitze angekommen. Wer hätte gedacht, dass ein Unfall so eine positive Wendung nehmen kann! Noch heute stufe ich den zweiten Platz hinter Pistorius ganz oben ein. Einen neuen Europarekord lief ich auch als undankbarer Vierter im Finale über 200 Meter. Über 100 Meter wurde ich Siebter und mit der Staffel liefen wir auf den vierten Platz. Immerhin gegen die besten Behindertensportler der Welt.

Als ich Oscar später erzählte, dass er für mich damals kurz nach meiner Not-Operation der Ansporn war, ihm nachzueifern und Spitzensportler zu werden, freute er sich und meinte: »Genau aus dem Grund, um andere zu motivieren, laufe ich.« Obwohl wir Konkurrenten waren, haben wir uns von Anfang an gut verstanden. Er hatte Respekt vor meiner Leistung und meinte zu mir: »Du bist schon eine Maschine!«

Während der drei Wochen, die wir in Christchurch waren, erlebten wir zehn Erdbeben mit, eines erreichte sogar eine Stärke von 5,1 auf der Richterskala. Damals lief alles glimpflich ab. Erdbeben sind auf Neuseeland, einem der schönsten Flecken der Welt, die ich je gesehen habe, keine Seltenheit, erzählten uns die Neuseeländer. Jedes Jahr werden dort an die 250 Beben registriert. Wenige Tage später, im Februar, als wir längst wieder zu Hause waren, wurde Christchurch wieder von einem schweren Beben der Stärke 6,3 heimgesucht – mit verheerenden Folgen: 185 Menschen starben, viele Tausend wurden verletzt und die wunderschöne Stadt zu 70 Prozent zerstört. Fassungslos verfolgte ich damals die Nachrichten. Wie nah doch Freude und Leid beieinanderlagen!

Vorbereitung auf die Paralympics in London

Nach der Weltmeisterschaft in Neuseeland ging es im Training nahtlos in die Vorbereitungen für den nächsten sportlichen Höhepunkt über: die Paralympics 2012 in London. Mir blieben eineinhalb Jahre, um meine Zeiten zu verbessern. Außerdem wollte ich auf 400 Metern so richtig Gas geben, seit der Silbermedaille war das meine Strecke. Mein Aufstieg zur Weltspitze der behinderten Läufer ging zwar blitzschnell, aber der Weg dorthin war hart und mit Schmerzen gepflastert. Und es ist viel Blut geflossen. Immer wieder machten mir die Stümpfe Probleme; den hohen Druck auf die Sportprothesen muss man erst einmal aushalten. Dazu kamen immer wieder Verletzungen, die ich auch erst mal wegstecken musste. Zweifel an meiner Entscheidung, Profisportler zu werden, sind mir allerdings nie gekommen. Auch deshalb nicht, weil ich trotz aller Rückschläge von den großen beiden Wettkämpfen mit Medaillen nach Hause zurückgekehrt war.

Am Anfang meiner sportlichen Karriere hatten sich meine Eltern oft anhören müssen, dass es verrückt sei, dass ich mich mit Haut und Haaren dem Profisport verschrieben habe und nach dem Unfall meine Ausbildung zum Fachinformatiker abgebrochen hatte. Viele verstanden damals nicht, dass ich diesen Weg eingeschlagen hatte. In Deutschland hat man gewisse feste Vorstellungen, was eine geregelte Lebensplanung angeht, und wer davon abweicht, hat es manchmal nicht ganz leicht. Von meiner Entscheidung konnte mich nichts und niemand abbringen. Wenn ich mir einmal etwas in den Kopf gesetzt habe, ziehe ich es auch durch   allen Widerständen zum Trotz. Glücklicherweise hat meine Familie immer hinter meiner Entscheidung für den Sport gestanden und mich bei all meinen Plänen unterstützt. Dem Sport habe ich so viel zu verdanken: Er hat mir nicht nur eine Menge Selbstvertrauen gegeben, sondern durch ihn konnte ich auch in viele Länder reisen, von denen ich vorher nur geträumt habe. Durch ihn habe ich viele interessante Kulturen und Menschen kennengelernt, was meinen Horizont beträchtlich erweitert hat. Der Sport macht mir unendlich viel Spaß und ist das Beste, was mir in meinem neuen Leben passieren konnte. Allen, die anfangs so skeptisch waren, habe ich mit meinen Erfolgen gezeigt, dass meine Entscheidung richtig war.

2. Der schnellste Europäer ohne Füße

Die meisten Doppelunterschenkelamputierten haben mir gegenüber im Sport einen klaren Vorteil, weil sie schon sehr früh als ganz kleine Kinder amputiert wurden, wie zum Beispiel Oscar Pistorius und Alan Oliveira. Ich bin der Einzige, der vorn in der Weltspitze mitläuft, der seine Unterschenkel verloren hat, als er bereits ausgewachsen war. Im Alltag bringt mir die späte Amputation jedoch Vorteile, weil ich mich an den Bewegungsablauf von früher erinnere und im Kopf weiß, wie das Gehen und Laufen auf eigenen Füßen funktioniert. Wer ganz früh in seinem Leben die Unterschenkel verloren hat, kennt das Laufen auf eigenen Beinen gar nicht. Die Schritte sehen dann nicht so rund und harmonisch wie bei mir aus, sondern wirken eckiger und abgehackter. Wenn ich mit meinen Alltagsprothesen unterwegs bin, merkt man mir gar nicht an, dass ich amputiert bin. Das einzige Problem, das ich mit meinen Beinen habe, sind Druckstellen an meinen Stümpfen. Damit muss ich leben.

Den Ärzten in der BG-Unfallklinik bin ich bis heute unendlich dankbar, dass sie bei mir so tolle Arbeit geleistet und mich so gut amputiert haben. Für den Sport ist es von Vorteil, dass ich beidseitig auf gleicher Höhe amputiert bin. Diese Entscheidung hätte ich damals gar nicht selber treffen können. Besser hätten es die Ärzte nicht hinbekommen können. Die Klinik war für mich ein großer Glücksfall! Mit gleich langen Prothesen läuft man im Sprint gleichmäßiger und runder, was auch vom Stil her harmonischer aussieht. Beim 400-Meter-Lauf muss ich mit meinem Oberkörper weniger ausgleichen. Mein Leistungsvermögen ist in dieser Disziplin mit meiner beidseitigen Amputation deutlich höher, als wenn mir nur ein Unterschenkel fehlen würde. Seit ein paar Monaten arbeite ich daran, meinen Laufstil mit den neuen Federn zu perfektionieren. Ich hoffe, dass ich es irgendwann schaffe, so schön rund und ästhetisch zu laufen wie Oscar Pistorius. Bei ihm sieht man überhaupt nicht, dass er auf Prothesen unterwegs ist. Er läuft wie ein Sportler, der zwei gesunde Beine hat.

Ich trainiere genauso viel wie ein 400-Meter-Läufer mit eigenen Beinen: Sechsmal in der Woche, außer sonntags, zwei Einheiten pro Tag. Mein tägliches Trainingspensum liegt bei fünf Stunden, Physiotherapie inklusive. Fünf Stunden Training sind das Maximum, weil der Körper nicht mehr verkraften kann. Mit Heinrich trainiere ich in einer gemischten Sportgruppe mit nichtbehinderten Olympia-Frauen. Für unseren Trainer, Kalle Düe, gibt es keinen Unterschied zwischen Athleten mit und ohne Handicap. Heinrich und ich können von den Frauen lernen und die Frauen von uns. Ich kann mich noch gut daran erinnern, als ich anfangs bei den Tempoläufen den Frauen hintergerannt bin. Heute mache ich das Tempo. Das ist schon ein schönes Gefühl. Und sich mit den Mädels zu messen macht richtig Spaß.

Ob behindert oder nicht – wir sind alle auf Augenhöhe. Die vielbeschworene Inklusion, die mittlerweile überall im Gespräch ist, gibt es bei Bayer bereits seit über 20 Jahren. Davon könnte sich so mancher eine Scheibe abschneiden. Bei uns gibt es keine separierten Sportgruppen, wir sind bunt gemischt nach unseren Disziplinen und Leistungen. Jeder gehört dazu und wird so akzeptiert wie er ist, egal ob mit oder ohne Behinderung. Entscheidend sind der Charakter, die Persönlichkeit und die Leistung. Normal ist die Vielfalt – nicht nur im Sport, sondern auch im alltäglichen Leben!

Vor großen Wettkämpfen wie Weltmeisterschaften oder den Paralympics, zu denen unser Team von Trainern, Physiotherapeuten, Ärzten und einem mentalen Coach begleitet wird, wird das Training arg zurückgefahren. Dann trainiere ich nicht mehr zweimal am Tag, sonst ist der Körper kaputt, wenn es darauf ankommt. Zwei Tage vor dem entscheidenden Wettkampf wird komplett pausiert.

Mein Trainingspensum richtet sich auch nach den Jahreszeiten: Der Winter ist besonders trainingsintensiv. Bei den 400 Metern wird vor allem intensiv an der Ausdauer gearbeitet. Im Sommer gilt es, von den Grundlagen, die man im Winter gelegt hat, zu zehren und durch kurze Tempoläufe bei der Sprintgeschwindigkeit zuzulegen. Was im Sommer wie im Winter gleich bleibt, ist das Krafttraining – das steht zweimal die Woche auf meinem festen Trainingsprogramm.

Die Einheit am Samstag ist besonders hart: Im Frühjahr mache ich lange Tempoläufe, im Winter Ausdauerläufe. Danach brauche ich erst einmal eine lange Erholungsphase von zwei bis drei Stunden. Manchmal ist mir regelrecht schlecht von der körperlichen Verausgabung. Sonntags ist mein freier Tag.

Als Sportler muss man schon auf Vieles verzichten – lange Partys am Wochenende sind genauso tabu wie Alkohol. Die Zeit, die man mit der Familie und Freunden verbringen kann, ist knapper als bei denen, die einem normalen Beruf nachgehen. Zu meinem neuen Freundeskreis gehören zwar auch ein paar Sportler, aber es ist mir wichtig, dass sich in meiner Freizeit nicht alles nur um Sport dreht. Wenn ich davon Abstand brauche, fahre ich am Wochenende nach Moers, in meine alte Heimat. Bei meiner Familie und meinen alten Freunden kann ich komplett abschalten und meinen Fokus auf andere Dinge richten, die mir wichtig sind. Das Laufen macht mir enorm viel Spaß und ich genieße mein Sportlerdasein in vollen Zügen. Für die Privilegien nehme ich gerne in Kauf, diszipliniert zu leben und nicht über die Stränge zu schlagen. Meine wilden Zeiten hatte ich mit 18, da habe ich mich ein Jahr ausgetobt. Das brauche ich heute nicht mehr. Zudem ist das Leben als Sportler begrenzt: Wenn alles gut läuft und keine schlimmeren Verletzungen dazwischenkommen, werde ich bis zum Jahr 2020 weitermachen: bis zu den Paralympics in Tokio. Dann bin ich 34 Jahre, das reicht. Die Zeit, die ich bis dahin noch habe, will ich intensiv nutzen und hoffentlich noch ein paar Medaillen gewinnen.

Das Highlight meiner bisherigen sportlichen Karriere waren zweifelsohne die Paralympics in London 2012. Eine Erinnerung für die Ewigkeit! Der Zusammenhalt bei den Paralympics war, quer durch alle Nationen, enorm, und die Begeisterung der Zuschauer, die uns enthusiastisch angefeuert und gefeiert haben, unvergesslich. So etwas Gigantisches und Spektakuläres habe ich noch nie erlebt. Auch wenn London kaum zu toppen sein wird, erwarte ich in drei Jahren in Rio de Janeiro auch eine riesige Stimmung und Karnevalsfeeling pur am Zuckerhut!

3. Meine Lieblingsstrecke: 400 Meter

Die 400 Meter sind mein Ding. Auf dieser Strecke musst du hart gegen dich selbst sein – und an deine absolute Leistungsgrenze gehen – und manchmal sogar darüber hinaus. Du musst dich bis zum letzten Meter quälen und deinen inneren Schweinehund besiegen. Ich liebe dieses Gefühl, die allerletzten Reserven aus meinem Körper herauszuholen. Bei jedem Start musst du über dich hinauswachsen, um die Strecke zu packen. Da kein Körper, egal ob behindert oder nicht, es kräftemäßig schafft, die gesamten 400 Meter komplett durchzusprinten, musst du jedes Rennen taktisch angehen und deine Energien gut einteilen: Einerseits darfst du es am Anfang nicht zu langsam angehen lassen, sonst läuft dir die Konkurrenz davon und du verlierst den Anschluss. Dann ist das Rennen für dich gelaufen. Andererseits darfst du nach dem Start auch nicht zu schnell loslaufen, sonst geht dir in der letzten Kurve und in der Zielgeraden die Luft aus und du »stirbst« auf den letzten Metern. Die richtige Taktik auszutüfteln ist immer wieder eine besondere Herausforderung.

Seit der Weltmeisterschaft in Neuseeland 2011, als ich hinter Oscar Pistorius als Zweiter ins Ziel lief, sind die 400 Meter meine Lieblingsstrecke. Sie liegen mir auch deshalb, weil man, je öfter man die Strecke läuft, immer besser wird. In Deutschland bin ich auf 400 Metern der schnellste Läufer auf Prothesen. Der zweite hinter mir ist drei Sekunden langsamer als ich. Mit einer Bestzeit von 51,37 Sekunden halte ich auch den Europarekord und bin weltweit der viertschnellste 400-Meter-Läufer mit Handicap. Schneller als ich sind nur Alan Oliveira, David Prince und Blake Leeper. In den Laufdisziplinen kommen wir behinderten Sportler immer näher an die Zeiten der nichtbehinderten Athleten heran. Vielleicht laufen wir eines Tages genauso schnell und starten alle gemeinsam in einem Wettbewerb. Das wäre mein Traum.

Mit entscheidend bei den 400 Metern ist auch die Bahn, auf der du startest. Auf den äußeren Bahnen zu laufen ist leichter als auf den Innenbahnen, weil dort die Fliehkräfte durch den engen Kurvenradius viel stärker sind und es viel Kraft kostet dagegenzuhalten. Bei der Innenbahn muss man allerdings aufpassen, dass man am Ende der Kurve nicht rausfliegt, sondern die Geschwindigkeit mit auf die Gerade nimmt. Ideal sind die Bahnen 4, 5 und 6, da hat man Läufer vor und hinter sich, an denen man sich orientieren kann. Es gibt noch einiges, was ich auf meiner Paradedisziplin bis zu den nächsten Paralympischen Spielen in Rio verbessern muss. Die ersten 200 Meter laufe ich fast genauso schnell wie Oscar Pistorius, aber hinten fehlt mir dann doch noch oft genug die Kraft.

Nur wenn du bereit bist, bis an deine Schmerzgrenze zu gehen, wirst du ein guter 400-Meter-Läufer. Doping käme für mich niemals in Frage. Das würde mir alles kaputt machen. Ich will wissen, was ich aus eigener Kraft aus meinem Körper herausholen kann – und ihn nicht mit Hilfe verbotener, leistungssteigender Substanzen manipulieren. Ich will meine Leistungen ohne Chemie schaffen. Wie sollte ich auch sonst stolz sein auf meine Zeiten und meine Medaillen? Doping ist nicht nur Betrug am Sport, den Gegnern und Zuschauern, sondern auch Betrug an sich selbst. Doping – das geht gar nicht! Ich will mit fairen Mitteln gewinnen!

4. Mein Trainer: »David hat noch einige Reserven!«

Karl-Heinz Düe ist seit 1977 hauptamtlicher Trainer in der Leichtathletik-Abteilung beim TSV Bayer 04 Leverkusen. Schwerpunktmäßig betreut er heute zehn Siebenkämpferinnen. Zu seinen behinderten Schützlingen zählen David Behre und Heinrich Popow.

Gelebte Inklusion

Bayer Leverkusen war und ist der Vorreiter im Behindertensport. »Inklusion«, ein Wort, das heute in aller Munde ist, machen wir bei Bayer schon seit 1992. Seitdem trainieren bei uns Behinderte mit Nichtbehinderten in Gruppen zusammen. Davon, was hier im Spitzensport in Leverkusen passiert, hätten sich Politiker und die Öffentlichkeit schon vor Jahren einiges abgucken können. Bis heute engagiert sich Bayer im Behindertensport wie kein zweiter Verein in Deutschland. Begonnen hat das Ganze bereits vor über 60 Jahren, als hier auf dem Trainingsgelände die ersten Kriegsversehrten Sport trieben.

Heute trainieren bei uns 40 behinderte Sportler, und wir haben eine tolle Nachwuchstruppe. Seit Ende der 1990er Jahre veranstalten wir jeden Sommer ein großes Integratives Sportfest. Wir haben in Leverkusen drei paralympische Stützpunkte: Leichtathletik, Schwimmen und Sitzvolleyball. Die Erfolge unserer behinderten Athleten können sich sehen lassen: Bei den Paralympics haben sie über 60 Medaillen und bei Weltmeisterschaften mehr als 100 Medaillen gewonnen.

Bis zum Jahr 2000 hat der Behindertensport noch ein ziemlich stiefmütterliches Dasein geführt, er kam in den Medien praktisch nicht vor. Erst mit den Paralympics in Peking und in

Athen hat sich das langsam geändert. London war der absolute Höhepunkt: Das Medieninteresse und die Zuschauerzahlen waren zum ersten Mal in der Geschichte riesengroß – und standen den Olympischen Spielen in nichts nach.

Keine Extrawürste – Bei mir sind alle gleich!

Als ich 1992 zum ersten Mal aus freien Stücken einen Behinderten trainierte, war das völliges Neuland für mich: Ich hatte überhaupt keine Ahnung davon, wie belastbar und leistungsfähig gehandicapte Sportler sein können. Also habe ich meinen ersten behinderten Schützling genauso trainiert wie meine anderen Spitzensportler. Von Anfang an hat mir das große Freude gemacht. Das Schönste war zu sehen, wie sie wieder ein Ziel vor Augen hatten, Lebensmut und Selbstwertgefühl bekamen und in unsere Gemeinschaft integriert und vollkommen akzeptiert wurden.

Das Trainingsprogramm ist natürlich auf die Behinderung zugeschnitten. Ich sehe im Training, was geht und was nicht. Das ist bei den Nichtbehinderten nicht anders. Auch bei ihnen mache ich individuelle Unterschiede – jeder hat andere Stärken und Probleme. Ich gehe auf jeden einzelnen Athleten ein, ob behindert oder nicht. Bei mir sind alle Schützlinge gleich: Sie trainieren zusammen, haben die gleichen Rechte und Pflichten. Extrawürste gibt es bei mir nicht.

Davids unbedingter Glaube an sich selbst

Den David von damals erkennt man heute überhaupt nicht mehr wieder – er hat sich gewaltig entwickelt, ist zu einer richtigen Persönlichkeit geworden. Als ich ihn 2008 das erste Mal beim Probetraining traf, war er noch ein ziemlich zurückhaltender und unsicherer junger Mann. Die Atmosphäre hier bei Bayer, dem stärksten Leichtathletikverein Deutschlands, mit all den Top-Athleten, hat ihn am Anfang wohl schon etwas eingeschüchtert. Er ist dann aber ziemlich schnell aufgetaut, auch weil Heinrich Popow, den ich schon seit 2000 trainiere, David unter seine Fittiche nahm und ihm viele Brücken baute. Für David war der Sport ein Glücksfall: Er eröffnete ihm den Weg in eine völlig neue, vielversprechende Zukunft, gab ihm Selbstvertrauen und Selbstwertgefühl. Zudem wird er als Mensch und mit seinen Leistungen von den anderen Top-Athleten voll anerkannt.

Wie alle meine Schützlinge hat David seinen festen individuellen Trainingsplan: Montagmorgens macht er Dauerlauf, nachmittags Krafttraining; dienstags Laufschule und Zugwiderstandsläufe vom Start, nachmittags Tempoläufe; mittwochs macht er Sprungkrafttraining und Dauerlauf. Das sind feste Programme, entsprechend der Saison. Natürlich kann ich mit David nicht das Sprungkrafttraining machen, das ich mit einem Nichtbehinderten mache. David trainiert hauptsächlich mit den Nichtbehinderten, meistens mit meinen Mehrkämpferinnen, von denen einige schon international Medaillen gewonnen haben.

Während man als 100-Meter-Läufer praktisch geboren wird – Schnelligkeit kann man nur sehr schwer trainieren –, muss man sich die 400 Meter immer wieder aufs Neue hart erarbeiten. Wer nicht ausreichend Disziplin, Fleiß und Stehvermögen an den Tag legt, wird niemals ein guter 400-Meter-Läufer werden. Man muss hart gegen sich selbst sein; sich quälen gehört zu dieser Laufstrecke dazu. Wer wie David jeden Tag zweimal hart trainiert, bringt genug Ehrgeiz und Leistungsbereitschaft mit, um ganz oben mitzulaufen. Von ihrem Sport leben können nur die allerwenigsten Profis, ob behindert oder nicht. Sponsoren haben die meisten der Athleten nicht. David ist da eine glückliche Ausnahme.

Einen Einzelsportler wie David zeichnet der unbedingte Glaube an sich selbst aus: sich hohe Ziele zu stecken, denen alles unterzuordnen und sie dann auch zu erreichen. Ich bewundere, wie David den Schicksalsschlag damals gemeistert hat. Und wie er seine Operationen und Verletzungen, die ihn immer wieder zurückgeworfen haben, weggesteckt und sich nie aufgegeben hat. Das bedarf schon einer gewissen Härte und einer mentalen Stärke, um mit solchen Rückschlägen fertig zu werden. Dass er überhaupt bei den Paralympics in London starten konnte, war schon fast ein Wunder. Nach vier Operationen musste er lange pausieren, und wir konnten erst im Februar 2012 langsam wieder mit dem Training beginnen. Doch David hat immer an sich geglaubt und nicht aufgegeben – und dann sogar noch eine Medaille gewonnen. Das war schon phantastisch!

Dass David von Kindesbeinen an sehr sportlich war, hat ihm natürlich nach dem Unfall geholfen. Sein außergewöhnliches Lauftalent hat er schon gleich am Anfang gezeigt, als er auf seinen Alltagsprothesen so schnell unterwegs war. Auch auf seinen Rennprothesen machte er, trotz Verletzungspech und Zwangspausen, zügig Fortschritte. Nach nur einem Trainingsjahr gewann er gleich drei Medaillen bei seiner ersten Weltmeisterschaft. Eine Karriere im Eiltempo, wie auf der Überholspur. In einem Jahr ist er bis in die Weltspitze gelaufen.

Vom Motocross hat David ein wahnsinniges Gleichgewichtsgefühl, das ihm mit seiner Behinderung natürlich enorm zugute kommt. Im Vergleich zu anderen ist David nur ganze zwei Mal (!) gestürzt, ohne dass er was dazu konnte. Das eine Mal war es ein technischer Defekt, das andere Mal habe ich ihn als Trainer bis an seine Grenze provoziert. Beim ersten Fall flog ihm das Ventil raus, wodurch die Sogwirkung im Knie fehlte und ihm die Prothese wegflog. Das zweite Mal, als ich für den Sturz verantwortlich war, ließ ich ihn um die Kurve laufen, obwohl er noch nicht so weit war. Die Fliehkräfte waren so stark und seine Geschwindigkeit so hoch, dass er Angst gekriegt hat und sich lieber hingelegt hat, weil es ihm zu schnell war. Sonst ist David nie gestürzt, nicht mal bei seinen ersten Versuchen mit den Renn-Federn. Das habe ich bei einem Läufer mit Prothesen noch nie erlebt.

Technik, Behinderung und Techno-Doping

Den Menschen und die Technik zusammenzubringen ist ein ausgesprochen sensibles Gebiet. An der Schnittstelle zwischen dem menschlichen Körper und der Prothese entstehen die meisten Probleme. Das Besondere an David ist, wie schnell und wie gut er das Laufen mit den Rennprothesen meisterte.

Wie in der Formel-Eins probiert man auch im Behindertensport viel aus. Technische Unterschiede gibt es allerdings auch bei Nichtbehinderten: Schuhe, Stabhochsprungstäbe – jeder hat die freie Auswahl. Genauso muss man es auch den Behinderten überlassen, dass sie das, was man auf dem Markt kaufen kann, auf ihre persönlichen Bedürfnisse modifizieren. Jeder kann an seinen Prothesen herumbasteln, wie es für ihn am besten ist. Was für den einen gut ist, muss nicht für den anderen gelten. Technische Vor- und Nachteile wird es immer geben, bei behinderten und bei nichtbehinderten Sportlern. Zwar wird die ganze Technik immer perfekter, aber sie wird nie das erreichen, was ein menschliches Knie oder ein Fuß können. Man sollte auch nicht vergessen, dass von all den technischen Fortschritten im Hochleistungssport natürlich auch die Behinderten, die keinen Sport machen, profitieren: Durch die zunehmende Qualität von Hilfsmitteln wie Prothesen steigt auch deren Lebensqualität erheblich.

Wie der Fall des Brasilianers Alan Oliveira zeigt, sind die Regeln im Behindertensport völlig antiquiert. Sie müssten dringend der technischen Entwicklung angepasst werden, um zu verhindern, dass sich einige Athleten unfaire Vorteile verschaffen. Oliveira ist eigentlich kleiner als David, aber mit seinen Federn ist er zehn Zentimeter größer und läuft dadurch allen davon.

Was man in der ganzen Diskussion um das vermeintliche Techno-Doping immer vergisst, ist die Frage, inwieweit man das Stehvermögen trainieren kann. Die Federn zu beherrschen kostet enorm viel Kraft. Im 400-Meter-Finale bei der Weltmeisterschaft in Lyon hatte David auf den letzten 100 Metern keine Kraft mehr; er konnte die Federn nicht mehr beherrschen und ist dann eingebrochen. Das ist genauso, wenn man ein Auto fährt, das viel zu schnell ist. Wenn man das Tempo nicht mehr kontrollieren kann, fährt man auch in den Graben oder fliegt aus der Kurve heraus.

David hat seine Leistungsgrenze bei weitem noch nicht ausgeschöpft. Ich bin gespannt, was er alles noch schaffen kann, wenn er einmal ohne Verletzung durch die Saison kommt. Kurz vor der Weltmeisterschaft in Lyon in diesem Jahr hat er seine Federn umgestellt, was einen völlig neuen Laufstil erfordert. Um die neuen Federn hundertprozentig zu beherrschen, muss er eine andere Muskulatur aufbauen. Das geht nicht innerhalb von 14 Tagen. Für das Muskeltraining braucht man schon zwei, drei Winter, um das Optimale herauszuholen. Da hat David noch einige Reserven in petto!

5. Eine eingeschworene Gemeinschaft: Behinderung verbindet, auch im Sport

Unter uns Athleten mit Handicap herrscht ein starkes Zusammengehörigkeitsgefühl. Behinderung verbindet, auch im Sport. Als Sportler, die inzwischen auch von den Medien entdeckt werden, sind wir für andere Menschen mit Handicap Vorbilder: Wir können mit unseren Leistungen zeigen, was alles möglich ist. Und wir verstecken uns nicht – im Gegenteil: Wir Sportler gehen alle mit unseren Behinderungen ganz offen um. Wir können eine Menge dazu beitragen, dass auch im Alltag Berührungsängste abgebaut werden, dass über Behinderung gesprochen wird und dass Menschen mit Handicap in allen Bereichen der Gesellschaft willkommen sind. Wir wollen nicht besser als Nichtbehinderte behandelt werden. Wir möchten gleich behandelt werden!

Bei den Paralympics in London hat sich einmal mehr gezeigt, dass wir Sportler uns gut untereinander verstehen, obwohl wir Konkurrenten sind. Wir sind eine eingeschworene internationale Community – wie eine große Familie, egal aus welcher Nation man kommt. Bei uns ist es selbstverständlich, einander zu helfen, wenn man kann. Einem Südafrikaner habe ich mal eine meiner Kniekappen gegeben, weil seine kaputt war und er keinen Ersatz dabeihatte. Im olympischen Sport würde nie jemand seine Spikes hergeben, selbst wenn er welche übrig hätte.

Vielleicht spielt es auch eine Rolle, dass bei uns behinderten Sportlern die finanzielle Seite nicht so wichtig ist wie bei den Nichtbehinderten. Uns interessiert nicht, wie viel wir auf dem Konto haben. Wir sind einfach unglaublich froh und stolz, dass wir unseren Sport machen können und unseretwegen Zuschauer zu den Wettkämpfen kommen. Nie werde ich die gigantische Stimmung im ausverkauften Londoner Olympiastadion vergessen, als uns 80.000 Zuschauer angefeuert und bejubelt haben.

Egal ob man Erster oder Letzter geworden ist. Was war das für ein tolles Gefühl, einmal so im Mittelpunkt zu stehen!

Wir Sportler haben fast alle einen Schicksalsschlag überlebt und uns unter Mühen ins Leben zurückgekämpft. Das schweißt ungemein zusammen, über alle Grenzen hinweg. Untereinander tauschen wir uns über unsere Lebensgeschichten aus, wie es zu der Behinderung gekommen ist. Wir sprechen darüber, wie sich unser Leben dadurch verändert hat und wie wir den Weg zum Sport gefunden haben. Im Behindertensport herrscht nicht so ein Konkurrenzdruck und Neid wie bei den Nichtbehinderten. Wir sind über jeden Athleten froh, der bei uns mitmacht und dafür sorgt, dass unser Sport in die Öffentlichkeit gelangt. Mit der Professionalisierung unseres Sports wird natürlich auch der Konkurrenzdruck zunehmen, was die Sponsoren und die Werbeverträge angeht.

Bei uns starten mittlerweile immer mehr ehemalige Soldaten, die in Afghanistan oder im Irak gekämpft haben, dort schwer verwundet wurden und Gliedmaßen verloren haben. Soldaten bringen natürlich für den Leistungssport die besten Voraussetzungen mit. Was sie durchgemacht haben, war furchtbar, aber umso mehr freuen wir uns, dass sie den Weg zu uns in den Behindertensport gefunden haben.

Freundschaft statt Konkurrenz: Ein erprobtes Gespann mit Heinrich Popow

Als ich zu Bayer kam, wurde ich dort mit offenen Armen empfangen. Die anderen Sportler freuten sich, dass ein Doppelunterschenkelamputierter dazugekommen ist. Von unserer ersten Begegnung im Westerwald an, haben Heinrich Popow und ich uns gut verstanden. Schnell wurde daraus eine Freundschaft. Ich habe ihm viel zu verdanken und einiges von ihm gelernt. Heinrich war es, der mich zur Leichtathletik gebracht hat, und ohne ihn wäre ich nie bei Bayer Leverkusen gelandet. Er hat mich damals so heiß gemacht, dass ich nach den ersten Trainingseinheiten direkt nach Leverkusen gezogen bin. Wir sind gleich zusammengezogen, und wir lebten zwei Jahre in einer Wohngemeinschaft zusammen. Bis 2010 meine Freundin kam und ihn als Mieterin ablöste.

Bei großen Sportereignissen teilen Heinrich und ich immer ein Zimmer und unternehmen auch ansonsten viel zusammen. Neid ist niemals ein Thema zwischen uns beiden gewesen, auch weil wir keine direkten Konkurrenten sind. Wir starten in verschiedenen Klassen – Heinrich bei den Oberschenkelamputierten, ich bei den Unterschenkelamputierten. Selbst wenn wir gegeneinander laufen würden, würde sich zwischen uns keine Missgunst einschleichen. Wir gönnen uns gegenseitig unsere Erfolge und freuen uns, wenn der andere Bestzeiten läuft und Medaillen gewinnt. Wir sind beide offene Typen. Wenn uns etwas nicht passt, machen wir den Mund auf und klären das Problem.

6. Eine Operation gefährdet die Sportlerkarriere

Im November 2011, mitten im Wintertraining zur Vorbereitung auf die Paralympics in London 2012, schlug das Schicksal wieder einmal mit voller Wucht erbarmungslos zu: Beim Lauftraining riss mir der Meniskus im rechten Knie. Damit waren für mich die Weltmeisterschaften in Dubai, auf die ich mich schon so gefreut hatte, schon mal gelaufen. Ich musste möglichst schnell unters Messer, meinten die Ärzte. Eigentlich ist solch eine Meniskus-Operation keine große Sache, für Sportler nicht mehr als eine reine Routine-OP, nach der man schnell wieder auf den Beinen steht. Eine Koryphäe in diesem medizinischen Fachgebiet war schnell gefunden. Nach ein paar Tagen hätte ich wieder auf dem Damm sein müssen. Doch höhere Gewalt sollte mir wieder einmal einen Strich durch die Rechnung machen.

Nach der ambulanten Operation hatte ich höllische Schmerzen und jeden Tag hohes Fieber über 40 Grad. Und das untrügliche Gefühl, dass mit meinem Knie etwas ganz und gar nicht in Ordnung war. Jeden Tag wies ich meinen behandelnden Arzt darauf hin, dass etwas nicht stimmt. Doch er meinte nur immer wieder, dass an meinem Knie nichts Auffälliges wäre. Das konnte mich nicht beruhigen, denn ich spürte, dass mit meinem Knie irgendetwas Merkwürdiges los war. Ich wurde dem Arzt gegenüber immer misstrauischer. Ich hatte noch immer jeden Tag hohes Fieber und drängte den Arzt, endlich etwas zu unternehmen. Irgendwann punktierte er dann endlich mein Knie und meinte wiederum nur lapidar, dass mit meinem Knie alles okay wäre. Die Probe wurde meines Wissens weder ins Labor eingeschickt noch untersucht. Entweder hatte er wirklich nichts bemerkt oder wollte nicht wahrhaben, dass etwas faul war.

Zwei Wochen lang schleppte ich mich ratlos mit fürchterlichen Schmerzen und hohem Fieber durch den Tag. Immer wieder rief ich in der Praxis an oder ließ mich vorbeifahren, weil ich mir große Sorgen um mein Knie machte. Meine Zweifel an dem Arzt wurden immer größer, bis ich ihm einfach nicht mehr vertrauen konnte. Ich hatte die Nase voll, immer wieder von ihm gebetsmühlenartig zu hören, alles wäre in bester Ordnung. Eines Abends, als ich über 40 Grad Fieber hatte, rief ich in meiner Verzweiflung einen anderen Arzt an, den ich gut kannte. Er wollte sich mein Knie so schnell wie möglich ansehen. Am nächsten Morgen fuhr ich sofort zu ihm ins Krankenhaus. Dort wurde mir als Erstes Blut abgenommen. Die Blutentzündungswerte waren extrem hoch, und mein lädiertes Knie wurde sofort punktiert. Es war voller Eiter. Noch am gleichen Tag wurde ich das erste Mal operiert: Die Schleimhäute wurden weggeschnitten, das Knie mit einer Kochsalzlösung durchgespült, um die Entzündung in den Griff zu bekommen. Das alles passierte am 12. Dezember.

Nach zwei Tagen gab es eine erste Entwarnung. Der Übeltäter war identifiziert: Mein frisch operiertes Knie hatte sich mit Staphylococcus aureus infiziert. Dahinter verbirgt sich der gefürchtete multiresistente Krankenhauserreger, der bei mir die äußerst schmerzhafte und langwierige Schleimbeutelentzündung verursacht hatte. Das Bakterium befindet sich überall auf der menschlichen Haut, aber wenn es mit einer offenen Operationswunde in Berührung kommt und sich in ihr festsetzt, kann das sogar tödliche Folgen haben. In Deutschland sterben jedes Jahr rund 40.000 Menschen an diesem fatalen Keim, den sie sich in Krankhäusern zugezogen haben. Das sind mehr Todesopfer, als von der gefürchteten Influenza verursacht werden. Die Keime können auch ansonsten Übles anrichten. So musste Matthias Sammer wegen einer Schleimbeutelinfektion sogar seine Fußball-Karriere an den Nagel hängen.

Obwohl ich sofort gezielte Antibiotika gegen den Keim bekam, war die Gefahr noch längst nicht gebannt. Tagelang bangte ich um mein Knie und hatte schlaflose Nächte. Ständig spukten mir die gleichen Gedanken im Kopf herum: Was würde passieren, wenn der Arzt den Keim nicht in den Griff bekommt? Was geschieht, wenn sich die Infektion weiter ausbreitet? Können die Ärzte mein Knie retten? Wenn nicht, was geschieht dann? In den zwei Wochen, die ich im Krankenhaus lag, musste ich noch dreimal operiert werden. Nach jedem Eingriff hoffte ich aufs Neue, dass der Albtraum endlich vorbei ist. Nicht nur die Schmerzen zermarterten mich, sondern vor allem setzte mir die Angst zu, dass ich doch noch mein Knie verlieren könnte und damit mein schönes Leben mit einem Schlag vorbei wäre. Denn das würde nicht nur mein Ende als Profisportler bedeuten, sondern das Ende all meiner Träume. Meine Zukunft sah in dieser Zeit kohlrabenschwarz aus. Ich bin damals regelrecht »auf dem Zahnfleisch gegangen«. Angewiesen auf den Rollstuhl, konnte ich nur abwarten und die Zeit totschlagen Vier lange Wochen war ich zum Nichtstun und zum Grübeln verdammt.

Zwei Wochen später hatten die Antibiotika den hartnäckigen Keim endgültig besiegt. Damit war ich jedoch noch lange nicht alle meine Sorgen los. Durch die Operationen war mein Knie fast völlig versteift. Ich konnte es kaum noch bewegen. Zudem hatte ich immer noch fürchterliche Schmerzen, gegen die nur noch Opiate halfen. Um die Bewegungen in der Physiotherapie überhaupt ertragen zu können, musste ich mir zur Schmerzausschaltung eine Periduralanästhesie (PDA) geben lassen, um die Nervenbahnen im Rückenmark zu betäuben. Erst nachdem meine beiden Beine wie gelähmt waren und ich sie nicht mehr spürte, konnte der Therapeut meine Gelenke mobilisieren. Trotz der Physiotherapie ließ sich mein Knie zu meinem Leidwesen nur um 20 Grad beugen.

In Gedanken hatte ich mich schon darauf eingerichtet, Weihnachten in der Klinik zu verbringen. Doch dann wurde ich einen Tag vor Heiligabend entlassen. So konnte ich die Weihnachtstage und Silvester mit meiner Familie in Moers feiern, obwohl mir bei der Ungewissheit, was aus meinem Knie würde, nicht der Sinn nach Feiern stand.

Noch heute werde ich stinksauer, wenn ich daran zurückdenke, wie es zu den Komplikationen kam. So eine Infektion kann immer passieren, aber sie nicht ernst zu nehmen oder gar zu übersehen, das ist eine ganz andere Sache. Wäre ich weiter bei dem ersten Arzt, der die Entzündung nicht entdeckt hat, geblieben, hätte es mich mein Knie kosten können: Ein paar Tage später wäre die Infektion so weit fortgeschritten gewesen, dass man mir das Bein hätte amputieren müssen. Ein Albtraum! Das wäre das Karriere-Aus gewesen!

Dass Knie war zwar gerettet, aber kaum zu bewegen. Ob es je wieder völlig in Ordnung kommen würde, stand in den Sternen. Mein Ziel, in London dabei zu sein, war auf einmal in weite Ferne gerückt. Dabei hätten die Paralympics im Sommer 2012 der Höhepunkt meiner Karriere werden sollten. Davon war ich meilenweit entfernt. Bis Juli musste ich die Norm schaffen. Doch wie sollte ich das mit einem fast steifen Knie schaffen? Die Operationen samt Komplikationen hatten mich um Monate in meinem Trainingsplan für London zurückgeworfen. Das ganze Wintertraining war für mich sowieso fast schon gelaufen. Selbst mancher Arzt hatte mich schon aufgegeben. Ich war am Tiefpunkt meiner Karriere, die so rasant begonnen hatte, angekommen. Doch meinen Traum von den Paralympics wollte ich nicht aufgeben. Dabei zu sein – das war mein großes Ziel. Um jeden Preis, dafür war mir kein Opfer zu groß. Meine letzten Hoffnungen setzte ich auf die Reha bei Regine. Wenn jemand mein Knie wieder hinbekommen könnte, dann war sie es. Jemand anderen hätte ich da auch gar nicht rangelassen, nach allem, was ich an bösen Überraschungen erlebt hatte.

Die letzte Chance – Meine zweite Reha

Während der nächsten drei Wochen zog ich wieder bei meinen Eltern ein; allein wäre ich in meiner Wohnung in Leverkusen nicht zurechtgekommen. Für meine Familie war ich damals sicherlich so manches Mal eine ziemliche Zumutung. Vor allem in der ersten Zeit, als ich noch ans Haus gekettet war, habe ich öfter meinen ganzen Frust herausgelassen und war manchmal ungenießbar. Wie ich es hasste, wieder auf den Rollstuhl und die Hilfe anderer Menschen angewiesen zu sein! Zu allem Übel kriselte es auch noch heftig in meiner Beziehung. Meine damalige Freundin konnte mit meiner Hilflosigkeit überhaupt nicht umgehen. Dabei hätte ich sie gerade jetzt, in dieser schwierigen Zeit, als meine Zukunft völlig ungewiss war, dringend gebraucht. Damals litt ich doppelt: zu meinem physischen Schmerz kam noch der seelische dazu. Einmal mehr waren meine Familie und meine alten Freunde an meiner Seite.

Ich war froh, als ich den Rollstuhl wieder los war und Anfang Januar endlich mit der Reha bei Regine beginnen konnte. Doch als meine Lieblingstherapeutin, zu der ich großes Vertrauen hatte, mein frisch operiertes Knie sah, war auch sie skeptisch, ob es jemals wieder voll beweglich werden würde. Sie wusste nur zu genau: Wenn das Knie steif bleiben würde, wäre der Profisport für mich für alle Zeiten vorbei.

Drei Wochen lang brachte mich morgens von Montag bis Freitag ein Taxi nach Duisburg in die BG-Unfallklinik. Von 7 bis 15.30 Uhr biss ich die Zähne zusammen und trainierte unter Schmerzen. Mich in Geduld zu üben fiel mir schwer. Mein Knie machte nur langsam Fortschritte. Aber Regine baute mich immer wieder auf und motivierte mich, nicht aufzugeben. Nach der Reha konnte ich mein Knie zwar wieder besser bewegen, aber so wie vor der Operation funktionierte es immer noch nicht. Ende Januar zog ich nach Leverkusen zurück. Von meiner damaligen

Freundin hatte ich mich nach der Reha getrennt. Zum ersten Mal in meinem Leben lebte ich ganz allein in meiner Wohnung.

Wegen der höllischen Schmerzen musste ich weiterhin starke Medikamente nehmen, die mir zu schaffen machten. Ich nahm die Welt nur durch einen starken Nebelschleier wahr. Inzwischen hatte ich auch ganz langsam und mit gebremster Kraft wieder mit dem Sport angefangen. Richtig belastbar war ich allerdings noch nicht. Außerdem machten die Nebenwirkungen der Medikamente das Ganze auch nicht leichter. Immer wieder passierte es, dass mir nach anstrengenden Trainingseinheiten oder im Kraftraum schwarz vor Augen wurde, und ich kurz davor war umzukippen. So konnte es beim besten Willen nicht weitergehen! Ich hatte genug von dem ständigen Betäubtsein und wollte endlich wieder klar denken können. Von jetzt auf gleich setzte ich alle Tabletten ab, statt sie langsam auszuschleichen, wie es mir die Ärzte geraten hatten. Ganz oder gar nicht, habe ich mir gedacht – Augen zu und durch! Die Schmerzen, die sofort wiederkamen, hielt ich einfach aus. Schlimmer als die Schmerzen waren die Entzugserscheinungen. Die ersten drei, vier Tage waren richtig heftig: Ich zitterte am ganzen Körper, hatte Schweißausbrüche und war innerlich furchtbar unruhig. Mein Körper war regelrecht süchtig nach den Schmerzmitteln. Ich biss die Zähne zusammen und hielt den Entzug durch. Nach ein paar Tagen hatte ich das Schlimmste überstanden, und ich war endlich wieder fit im Kopf. Was für ein Gefühl, wieder mit klarem Blick in die Welt zu sehen!

Nach der Reha verbrachte ich viel Zeit auf der Autobahn. Ich fuhr von Arzt zu Arzt, von einer Stadt in die nächste, quer durch Nordrhein-Westfalen. Ich musste medizinisch alles versuchen, um mein Knie wieder zu hundert Prozent bewegen zu können. Nach kurzer Zeit hatte ich mir ein Netz mit Spezialisten aufgebaut, die sich mit diversen Therapien um mein Knie kümmerten. Ich bekam jede Menge Spritzen in das Knie – zuerst Cortison, später Hyaluron, damit das lädierte Knie wieder geschmeidig

141

wird. Dreimal in der Woche fuhr ich zu einem befreundeten Arzt nach Münster, der mich mit der Stoßwellentherapie behandelte, was mir sehr geholfen hat. Eine Ärztin aus Bonn löste die Verklebungen am Knie. In Leverkusen bekam ich ständig Physiotherapie und war nach wie vor oft bei Regine in Duisburg, die sich weiterhin um mein Knie kümmerte und es mobilisierte.

Letztendlich hatten sich die vielen Kilometer und der große Aufwand gelohnt: Am Ende konnte ich mein Bein wieder voll strecken und beugen. Meine Zukunft als Profisportler war gerettet. Normalerweise sollte man nach so einer schlimmen Geschichte, bei der ich mein Knie fast verloren hätte, ein Jahr lang pausieren. Doch das kam für mich überhaupt nicht in Frage – ich wollte unbedingt Ende August 2012 in die britische Hauptstadt. Auch wenn das mal wieder hieß: das Unmögliche möglich zu machen! Es wäre nicht das erste Mal, dass ich das schaffe. Darin war ich ja Spezialist. Den Glauben an mich habe ich auch in den dunkelsten Stunden nie verloren, obwohl ich manches Mal nah dran war.

In den drei Monaten, die mir bis zu den Paralympics noch blieben, trainierte ich wie verrückt. Von der geforderten Norm war ich nach der dreimonatigen Zwangspause noch meilenweit entfernt. Ich lief und lief im Wettlauf mit der knappen Frist, die wie ein Damoklesschwert über mir schwebte. Meine Zeiten wurden zwar immer besser, aber mein Knie machte mir immer wieder zu schaffen. Ich biss die Zähne zusammen und ignorierte die Schmerzen. Im Juni setzte mich dann noch eine hartnäckige Mandelentzündung für einige Tage außer Gefecht. Nach der neuerlichen Zwangspause trainierte ich umso entschlossener und härter weiter. Zweimal am Tag, sechsmal in der Woche. Die vier Operationen hatten mich um Monate in meinem Trainingsplan für London zurückgeworfen. Ich gab alles und mobilisierte meine letzten Kräfte, um mir meinen Traum von den Paralympics zu erfüllen. Kein Trainingspensum konnte mir zu viel sein.

Ich wollte um jeden Preis in London mit dabei sein! Koste es, was es wolle! Ich war schonungslos zu mir und meinem Körper. Mein Trainer war kurz davor, das Handtuch zu werfen, da ihm meine Gesundheit immer wichtiger als alles andere war. Erst im Juli war ich wieder voll belastbar und konnte volles Tempo laufen. Trotzdem war ich einen Monat zuvor Vize-Europameister über 200 Meter in holländischen Stadskanaal geworden.

Die Norm für die Paralympics schaffte ich erst auf den allerletzten Drücker, drei Tage vor dem Ende der Qualifikationsfrist. Als ich nach dem Rennen ein Lächeln auf dem Gesicht meines Trainers sah, wusste ich, dass ich in London dabei sein werde. In diesem Moment war mir ein riesengroßer Stein der Erleichterung vom Herzen gefallen. Ich hatte die sprichwörtlich letzte Chance am Schopf ergriffen, um noch auf den Zug für das weltweit größte Ereignis im Behindertensport aufzuspringen. Wieder einmal war ich mit einem blauen Auge davongekommen und hatte eine schwere Krise überstanden. Dabei haben mir, wie damals nach meinem schlimmen Unfall, viele Menschen in meinem Umfeld geholfen. Ohne ihre tatkräftige Unterstützung und die Kunst der Ärzte hätte ich es wohl nicht geschafft, mir meinen großen Traum von meinen ersten Paralympics zu erfüllen.

Mein Trainer Karl-Heinz Düe hat in dieser schwierigen Zeit eine ganz wichtige Rolle für mich gespielt. Ich habe ihm viel zu verdanken. Er war immer über den Stand der medizinischen Befunde informiert und hatte großes Verständnis für mich, egal wie es mir ging und in welcher Stimmung ich war. Bei allem sportlichen Ehrgeiz hat für ihn meine Gesundheit stets an erster Stelle gestanden. Die war ihm sogar wichtiger als meine Teilnahme an den Paralympics. Nachdem mein Knie wieder mitgespielt hat und die Ärzte ihr Okay gegeben haben, hat Kalle es trotz meines gewaltigen Trainingsrückstands und der extrem kurzen Vorbereitung geschafft, mich wieder in Form zu bringen.

Bei einem Profisportler sind Verletzungen zwar normale Begleiterscheinungen, aber bei mir kam es immer gleich knüppeldick. Vor jedem großen Wettkampf hatte ich bisher mit einer Verletzung oder einer Operation zu kämpfen. Wenn ich einmal eine Saison ohne Verletzungspech schaffen würde, wäre ich sicherlich von meinen Zeiten her schon ein ganzes Stück weiter. Das, was ich an Rückschlägen durchgemacht habe, reicht eigentlich für ein ganzes Sportlerleben! Ich hoffe, dass die verdammte Verletzungsserie jetzt endlich für alle Zeiten vorbei ist.

Es ist im Leben nun mal so, dass es nicht immer nur vorwärts und aufwärts geht. Im Rückblick haben mich viele Rückschläge stärker gemacht. Aus fast jeder Verletzung und jeder Niederlage, auch im privaten Bereich, habe ich letztendlich etwas gelernt und bin reifer geworden. Optimistisch wie ich bin, kann ich selbst manchen negativen Erlebnissen noch etwas Positives abgewinnen. Und ein Mensch, der in Selbstmitleid versinkt, bin ich sowieso nicht. Wenn es mir schlecht geht, bin ich nicht allein: Ich habe meine Freunde und meine Familie, auf die ich mich in schlechten Zeiten hundertprozentig verlassen kann, die mich immer wieder auffangen und aufbauen.

7. Die größten Paralympics aller Zeiten: Der Höhepunkt meiner Karriere

London, 29. August bis 9. September 2012

Die Paralympics in London haben sämtliche Rekorde gebrochen: 2,5 Millionen Tickets wurden verkauft, die Bevölkerung der britischen Metropole war wie im Fieber und das Olympiastadion an sämtlichen Tagen der Wettkämpfe restlos ausverkauft. Wie nie zuvor standen die behinderten Sportler im Fokus der Weltöffentlichkeit: Der britische Privatsender Channel 4 vermeldete Rekordeinschaltquoten, rund um den Globus berichteten so viele Medien wie nie zuvor, und noch nie haben so viele Menschen weltweit mit den behinderten Spitzensportlern mitgefiebert.

4200 Athleten aus 166 Nationen hatten sich für die Wettkämpfe in der britischen Hauptstadt qualifiziert. In 20 Sportarten wurden in 503 Wettbewerben 1.509 Medaillen vergeben. Die sportlichen Leistungen explodierten, die Rekorde purzelten. Die Millionenstadt vibrierte vor Spannung und übertraf alle Erwartungen. Auch in Deutschland standen die behinderten Sportler noch nie so im Mittelpunkt: Zum ersten Mal in seiner Geschichte war der Behindertensport im kollektiven Bewusstsein der Nation angekommen. ARD und ZDF berichteten 65 Stunden live aus London, doppelt so viel wie noch vier Jahre zuvor aus Peking. Der Hype um die »Superhumans«, die »Übermenschlichen«, beherrschte die internationalen Schlagzeilen. Die Londoner Spiele waren nicht nur für die knapp zehn Millionen behinderten Menschen in Deutschland ein unvergessliches Ereignis!

Eröffnungsfeier voller magischer Momente

Wenige Wochen vor London stand meine Teilnahme an den Paralympics noch in den Sternen. Umso mehr freute ich mich auf die Eröffnungsfeier. Es war bereits dunkel, als wir vom Olympischen Dorf losliefen. Zu Fuß marschierten wir die zwei Kilometer bis ins Stadion. Unzählige Sportlerkolonnen waren unterwegs – und ich war einer davon. Was für ein Zusammengehörigkeitsgefühl mit den Athleten aus aller Welt. Ich war überglücklich dazuzugehören. Wir deutschen Sportler waren eine kleine Gruppe von 150 Athleten, 150 Menschen aus einem 80-Millionen-Volk. Jeder von uns war unglaublich stolz, dass er für das deutsche Team dabei sein und um olympische Ehren kämpfen durfte. Die Paralympics sind einfach das Größte im Leben eines behinderten Sportlers. Sie haben einen viel höheren Stellenwert als Weltmeisterschaften, zu denen im Höchstfall 5.000 bis 6.000 Zuschauer kommen. Auf dem Weg ins Stadion ging mir durch den Kopf, dass noch im Frühling niemand daran glaubte, dass ich in London überhaupt dabei sein werde. Jetzt wollte ich die tolle Atmosphäre voll auskosten – sechs Mal ging ich an den Start – ein Mordspensum!

Das gigantische Stadion aus der Ferne zu sehen, war schon Wahnsinn. Wir kamen immer näher. Ein Flugzeug mit Flammen tauchte am dunklen Himmel auf. Die Emotionen kochten langsam hoch, als wir das jubelnde Publikum schon draußen hörten. Ich hatte Gänsehaut, als wir die ersten Schritt in das Stadion machten. Die Zuschauer tobten und empfingen uns mit Standing Ovations. Sie schrien und winkten mit Fähnchen. Keinen hielt es mehr auf den Plätzen. Mit all den Nationen in das ausverkaufte Stadion einzumarschieren war für mich einer der schönsten Augenblicke meines Lebens! Ich war unheimlich dankbar, dass ich so etwas hautnah erleben durfte. Zum ersten Mal die Bahn zu sehen und zu spüren, auf der ich dann später laufen und um Medaillen kämpfen sollte, weckte gewaltige Glücksgefühle. Ich war so heiß, dass ich am liebsten sofort meine Federn ausgepackt hätte und losgesprintet wäre. In diesem Moment dämmerte mir zum ersten Mal, was ich geschafft hatte.

So etwas Spektakuläres wie die Eröffnungsfeier habe ich noch nie erlebt. Die gigantische Show begann mit einem großen Knall: Am Himmel erschien ein gleißend heller Himmelskörper und senkte sich in die Mitte des Stadions. Das war die Geburt der Erde, begleitet von einem fulminanten Feuerwerk. Gänsehaut-Feeling pur, der reinste Wahnsinn! Und ich war mittendrin! In diesem Moment ging mir durch den Kopf, dass Abermillionen Menschen aus aller Welt vor dem Fernseher sitzen, um das Ereignis live mitzuverfolgen. Wir alle waren so unsagbar glücklich und stolz, dass wir nun für zehn Tage im Mittelpunkt stehen durften. Das war für uns behinderte Sportler ein unglaublich emotionales Erlebnis. Zutiefst berührend war der Moment, als Stephen Hawking in seinem Rollstuhl im Scheinwerferlicht auf der Bühne erschien. Per Sprachcomputer führte der große Physiker, der an einer seltenen Nervenkrankheit, Amyothroper Lateralsklerose (ALS) leidet, als Erzähler durch das Programm, angelehnt an Shakespeares Theaterstück »Der Sturm«: eine virtuelle Reise durch die Geschichte der Wissenschaft, die unter dem Motto »Enlightment« – Aufklärung oder Erleuchtung – stand. Diesen Moment werde ich sicherlich mein Leben lang nicht vergessen. Die Emotionen, die da hochkamen, waren überwältigend, vor allem die Dankbarkeit, dass ich so etwas Schönes erleben durfte. Als Letzte marschierte die britische Mannschaft in das Stadion ein, zum Song »Heroes« von David Bowie. Als Helden fühlten wir uns an diesem berauschenden Abend alle. Sämtliche Menschen im Stadion, ob Sportler oder Publikum, verband in diesen feierlichen Stunden der olympische Spirit: Dabei zu sein, war alles, was zählte. Königin Elizabeth II. gab sich höchstpersönlich die Ehre und eröffnete um 23.13 Uhr Ortszeit die 14. Paralympics, die zweitgrößte Sportveranstaltung der Welt. Auf der Tribüne applaudierten Prinz William und seine Frau Kate sowie Bundespräsident Gauck mit seiner Lebensgefährtin. Am Ende der Show der Superlative, auch das ein Highlight, wurde das Olympische Feuer entzündet. Ein glanzvolles Schlusslicht der außergewöhnlichen Eröffnungsfeier.

Mitternacht war schon weit vorüber, als wir nach der Feier alle zusammen wieder gemeinsam ins Olympische Dorf zurückliefen, von Glücksgefühlen beseelt. Mit den berauschenden Bildern vom Start der Paralympics im Kopf schlief ich selig ein.

Das Wunder von London: Das 400-Meter-Finale

Am 8. September, auf den Tag genau fünf Jahre nach meinem fast tödlichen Unfall, stand ich in den Startblöcken im Olympiastadion in London, das bis auf den letzten Platz ausverkauft war. Damals dachte ich in meiner ersten Verzweiflung, mein Leben sei zu Ende und ich ein Krüppel, der nichts mehr erreichen kann. Jetzt, fünf Jahre später, fieberte ich voller Spannung dem Starschuss im 400-Meter-Finale entgegen, neben mir Oscar Pistorius, der Mann, der mir gezeigt hat, dass eine lebenswerte Zukunft auch mit einer Behinderung möglich ist. Ich war bereit für das Duell mit dem südafrikanischen Blade Runner im letzten Wettkampf der Paralympics. Mit dem Finale, dem absoluten Höhepunkt der Spiele, war ich am Ziel meiner Träume angelangt. Im Vorlauf hatte ich mich ziemlich locker mit der drittbesten Zeit für das Finale qualifiziert und hatte meinen eigenen Europarekord auf 51.37 Sekunden verbessert. Noch eineinhalb Monate vorher bin ich auf 400 Metern noch zwei Sekunden langsamer gewesen. Das hatte nicht nur meinen Trainer, sondern auch mich selbst nach dem enormen Trainingsrückstand im Winter völlig überrascht. Bei meinem sechsten Lauf war mein Knie schon arg lädiert und schmerzte ordentlich.

Ich war so heiß auf das Rennen, dass ich kaum erwarten konnte, dass es endlich losgeht. Bereits vier Stunden vor dem Wettkampf fuhren wir in das Einlaufstadion, um uns dort langsam aufzuwärmen und uns auf den Start vorzubereiten. Eine dreiviertel Stunde vor dem Start ging es in den ersten Call-Room, danach in den zweiten. Und dann kam der Moment, als die Volunteers uns nach draußen ins Olympiastadion führten. Mein Lampenfieber war unbeschreiblich. Um mich herum 80.000 Zuschauer, die uns alle aus vollen Kehlen anfeuerten. Eine Geräuschkulisse, wie ich sie noch nie in meinem Leben erlebt habe – einfach gigantisch. Ich kam mir vor wie ein moderner Gladiator. Es war einfach unbeschreiblich, als ich die vollen Ränge jubelnder Menschen sah. Der absolute Wahnsinn! Ich hatte Gänsehaut, auch weil ich wusste, dass meine Schwester direkt an der Bahn sitzt. Ich war so nervös wie noch nie zuvor in meinem Leben.

Ohrenbetäubender Jubel brandete auf, als wir mit unseren Namen vom Stadionsprecher vorgestellt wurden. Nachdem wir uns in den Startblöcken aufgestellt hatten, war das Publikum mit einem Schlag plötzlich totenstill. Man hätte eine Stecknadel fallen hören können. Ich musste in der schwersten Klasse antreten: bei den Unterschenkelamputierten. Da geht es am meisten ab, weil hier der Konkurrenzkampf am allergrößten ist. Als der Startschuss fiel, bebte das ganze Stadion. Die Zuschauer sprangen von ihren Sitzen auf, schrien sich die Kehle aus dem Leib und feuerten uns an. Die Geräuschkulisse war ohrenbetäubend.

Mein Trainer hatte mir eine feste Marschroute vorgegeben: Ich sollte die ersten 200 Meter an Oscar dranbleiben und ihm so weit wie möglich folgen. Ich sollte alles geben und meine letzten Kräfte mobilisieren, um vielleicht doch noch eine Medaille zu ergattern. Ich war wie im Tunnel, völlig fokussiert und heiß auf das Rennen. Als ich den ersten Schritt aus dem Block machte, waren da nur pure Emotionen, die aus mir herauskamen. Aber schon beim Start hatte ich Probleme mit meinem Knie. Trotzdem konnte ich die ersten 250 Meter gut mit Oscar mithalten. Doch plötzlich war mein Akku leer. Wie man in der Läufersprache so sagt: Da kam der Mann mit dem Hammer, und ich wusste, jetzt wird es ganz hart. Normalerweise passiert das erst nach 300 Metern, aber nun forderte der monatelange Trainingsrückstand seinen Tribut. Auf der Gegengerade hatte ich ziemlich Druck gegeben, um mit Oscar mitzuhalten, doch nun fehlte mir schlicht die Kraft. Auf den letzten hundert Metern hatte ich mich schon blau gelaufen. Nichts ging mehr. Ich biss die Zähne zusammen und wollte den Lauf nur noch nach Hause bringen. Ohne die jubelnden Zuschauer im Rücken wäre ich nicht durchgekommen. Hier und jetzt auszusteigen, weil ich nicht mehr konnte, das kam für mich nicht in Frage. Die letzten hundert Meter taten richtig weh. Nach 399 Metern war ich völlig ausgepowert. Den letzten Meter bin ich nur noch dem Ziel entgegengestolpert und völlig entkräftet über die Ziellinie gefallen.

Ich bekam kaum noch Luft, meine Beine trugen mich nicht mehr. So fertig hatte ich mich nach einem Rennen noch nie gefühlt. Ich hatte mich dermaßen verausgabt, dass ich auch eine halbe Stunde nach dem Lauf noch immer kaum stehen konnte und mich festhalten musste. Ich hatte alles gegeben, mehr ging einfach nicht.

Auch wenn es dieses Mal nicht für eine Medaille in meiner Lieblingsdisziplin gereicht hat, war ich am Ende hochzufrieden. Immerhin hatte ich den fünften Platz im Finale erkämpft. Die erhoffte Zeit unter 50 Sekunden hatte ich leider nicht geschafft, aber im Vorlauf war ich immerhin einen neuen Europarekord gelaufen. Dass es mit einer Medaille über 400 Meter schwer sein würde, war mit von Anfang an klar. Nach dem enormen Trainingsrückstand war ich froh, überhaupt in London, bei meinen allerersten Paralympics, dabei zu sein. In den fünf Jahren davor war ich teilweise durch die Hölle gegangen. Das größte sportliche Ereignis der Welt im Behindertensport ging für mich mit dem gleichen Glücksgefühl zu Ende, wie es für mich begonnen hatte.

Das Leben im Olympischen Dorf: eine große internationale Familie

Im Olympischen Dorf, das komplett mit vier Meter hohen Stacheldrahtzäunen abgeriegelt war, habe ich mich von Anfang richtig wohl gefühlt. Überall zwischen den vielen Hochhäusern und Plattenbauten traf man auf Sportler aus aller Welt, mit denen man schnell ins Gespräch kam. Unser Team war in Blöcken auf mehreren Etagen untergebracht. Ich habe mit sieben anderen Kameraden in einem riesigen Apartment gewohnt und war, wie immer bei großen internationalen Wettkämpfen, mit meinem Freund und Vereinskollegen von Bayer Leverkusen, Heinrich Popow, in einem Zimmer. Wir sind das Zusammenleben ja aus früheren Zeiten gewohnt. In unserem Quartier war die Atmosphäre locker, wie in einer Wohngemeinschaft. Morgens hat es uns nie lange im Bett gehalten, meistens frühstückten wir schon um 9 Uhr alle zusammen. Vor den Wettkämpfen war die Spannung bei jedem von uns zum Greifen nah. Vor jedem meiner insgesamt sechs Starts gab es eine strikte Regelung: Ich verbrachte den ganzen Tag gemeinsam mit meinem Trainer, und beim Essen besprachen wir beide das Training und die Wettkämpfe.

Jedes Mittagessen war ein Erlebnis für sich. In der Dining Hall, einem riesigen Speisesaal, war Platz für 10.000 Menschen. Die Ausmaße und das Angebot waren gigantisch. Hier trafen sich jeden Tag Athleten, Trainer, Betreuer und Besucher. Aufgetischt wurden Spezialitäten aus allen Kontinenten; an Speisen gab es alles, was man sich nur vorstellen konnte. Es war Wahnsinn, was da alles an Köstlichkeiten aufgeboten wurde. Auch hier war überall der olympische Geist spürbar – einfach dabei zu sein, egal ob man eine Medaille gewinnt oder nicht. Allein diese Atmosphäre war schon etwas ganz Besonderes. Manchmal hatten wir auch hohen Besuch: Unser Bundespräsident Joachim Gauck und andere Politiker haben uns in der Dining Hall und im »Deutschen Haus«, das außerhalb des Olympischen Dorfes lag, besucht. Wir waren wie eine große internationale Familie, so richtig mulitkulti. Während der Mahlzeiten herrschte eine bunte Mischung aus allen möglichen Sprachen, Hautfarben und Nationen, die sich dort zum Essen trafen. Jeden Tag hat man neue Menschen kennengelernt oder traf bekannte Gesichter. Die zahlreichen Begegnungen haben mich sehr bereichert. Viele der Volunteers, die sich so toll um uns gekümmert hatten, sagten zu uns, dass die Stimmung bei uns viel besser als zuvor bei den Olympischen Spielen wäre. Wir behinderten Sportler wären viel lockerer drauf, würden immerzu lachen und lustig sein. Unsere gute Laune war kein Wunder – wir waren einfach unendlich froh und dankbar, dass wir unsere Leistungen vor der ganzen Welt zeigen durften.

Wir Leverkusener stellten das größte Kontingent im deutschen Nationalteam. Für alle Anlässe waren wir bestens mit Klamotten ausgestattet. Jeder von uns bekam rund 25 Kilo an Kleidung und Schuhen: einen Designer-Anzug, vier Paar Turnschuhe, T-Shirts, kurze und lange Hosen – an alles war gedacht. Von London selbst habe ich, wie die meisten von uns, leider so gut wie gar nichts gesehen. Dazu hatte ich weder die Zeit noch den Kopf frei: Immerhin ging ich in sechs Rennen an den Start – und dachte sowieso nur von einem Wettkampf zum nächsten.

Trainiert haben wir abseits des Olympiastadions, in einer anderen Arena, die ungefähr eine halbe Stunde Fahrtzeit mit den Shuttle-Bussen entfernt war. Dort konnten wir uns völlig abgeschottet mit allen anderen Nationen auf unsere Starts vorbereiten. Vor den Wettkämpfen hatten wir nur eine einzige Trainingseinheit im Aufwärmstadion neben dem Stadion, um die Wege kennenzulernen. Da durften wir auch einmal bis ins Olympiastadion gehen, die Strecke, die wir später auch bei den Wettkämpfen nehmen mussten.

Die Atmosphäre voll ausgekostet: Mit sechs Starts dabei

Die Eintrittskarten waren deutlich billiger als bei den Olympischen Spielen. Bei den Paralympics kamen ganze Familien zusammen ins Stadion. Für sie war es ein kunterbuntes Familienfest. Die Londoner waren das beste Publikum, das ich je erlebt habe. Sie feuerten nicht nur ihre britischen Landsleute an, die für sie Helden sind, sondern alle Athleten, die an den Start gingen, wurden hymnisch von ihnen gefeiert. Jeder gehörte zu der großen Gemeinschaft dazu. Es gab keinen einzigen Namen, der vom Stadionsprecher aufgerufen wurde, der nicht mit großem Applaus von den 80.000 Zuschauern beklatscht wurde.

Leider bin ich in den Einzeldisziplinen bei den Medaillen leer ausgegangen. Ich bin als Vizeweltmeister über 400 Meter nach London geflogen. Die 200 Meter waren mein erster Wettkampf. Schon im Vorlauf hatte ich das Finale überraschend mit Saisonbestzeit erreicht. Es war unglaublich, dass das Stadion selbst bei den Vorläufen bis auf den letzten Platz gefüllt war. Vor dieser berauschenden Kulisse sechs Mal laufen zu dürfen und vom Publikum angefeuert zu werden war phantastisch! Einfach krass!

Im Finale musste ich auf Bahn eins antreten, die in der Kurve am schwierigsten zu laufen ist. Durch das lädierte Knie bin ich ganz schlecht aus den Startblöcken rausgekommen, so dass nach dem verunglückten Start einfach nicht mehr drin war als der siebte Platz. Mit meiner Zeit war ich trotzdem sehr zufrieden. Ich hatte zwar gehofft, dass ich im Finale noch ein bisschen zulegen kann, aber dazu war ich einfach nicht fit genug. Natürlich hatte ich mir vor dieser ganzen Kniegeschichte deutlich mehr erhofft. Aber vor dem ganzen Hintergrund war es wohl das Optimum, das ich herausholen konnte.

Ein Krimi mit Nervenkitzel: Bronze-Medaille in der Staffel

Kurz vor der Staffel war der 100-Meter-Vorlauf, und ich wusste schon vorher, dass ich wegen der Startprobleme mit meinem lädierten Knie eigentlich keine Chance hatte. Schon aus dem Startblock hatte ich eine halbe Sekunde verloren, was auf hundert Metern beim besten Willen nicht mehr aufzuholen war. Trotzdem war ich von meinem fünften Platz im Vorlauf enttäuscht, weil ich von meiner Bestzeit mehr als eine halbe Sekunde entfernt war. Das war schon echt hart! Nach dem 100-Meter-Lauf war ich stinksauer und dermaßen enttäuscht, dass ich in der Staffel gar nicht mehr antreten wollte. Doch mein Trainer Kalle und ein Physiotherapeut haben mich so weit bearbeitet und wieder aufgebaut, dass ich mich überreden ließ. Gott sei Dank bin ich angetreten. Bis jetzt hatte es mit einer Medaille leider noch nicht geklappt. Vielleicht war es mit der Staffel möglich, obwohl unsere Chancen in dieser Disziplin eigentlich am geringsten waren: Bei uns starten, im Gegensatz zu anderen Mannschaften, nicht vier Unterschenkel-Amputierte, sondern zwei Oberschenkel-Amputierte. Unsere Staffel war bis auf Woitek Czyz ein reines Bayer-Leverkusener-Team.

Wie immer tobte das Publikum schon bei der Vorbereitung auf den Start. Schon der Beginn des Rennens stand unter keinem guten Stern. Es gab einen Fehlstart, also mussten noch mal alle in die Startblöcke zurück. Das ist das Schlimmste, was einem passieren kann, weil die Nerven sowieso schon zum Zerreißen gespannt sind. Du bist richtig heiß und dann kommt ein Fehlstart – das heißt noch mal ein, zwei Minuten warten. Ich war bis über beide Ohren mit Adrenalin vollgepumpt. Der zweite Start klappte. Markus Rehm lief als Erster, dann übernahm Heinrich Popow. Dann war ich dran. Ich war dermaßen fokussiert, dass ich nur noch daran dachte, dass ich für die 100 Meter, die ich in der Kurve an dritter Position laufe, jetzt wirklich alles aus meinem Körper rausholen musste. Der Wechsel von Heinrich zu mir war sicher, so wie es geplant war. Die Kurve fühlte sich für mich richtig gut an. Später meinten der Bundestrainer und Kalle, dass ich stilistisch sauber gelaufen bin. Der Wechsel von mir auf Woitek Czyz, unseren Schlussläufer, war sehr eng – da waren gerade mal ein, zwei Zentimeter in der Wechselzone. Wir hatten unser Rennen in einem neuen deutschen Rekord nach Hause gelaufen.

Leider reichte das nur zum fünften Platz, aber wir vier waren zufrieden, dass wir eine Superzeit geschafft hatten.

Noch auf der Bahn hatten wir den Südafrikanern und allen anderen zu ihren Leistungen gratuliert. Nachdem das Rennen gelaufen war, holten wir unsere Sportklamotten, die noch am Start lagen, und gingen in die Katakomben. Nach zehn Minuten kam jemand aufgeregt zu uns und rief: »Deutschland, ihr seid Dritter geworden! Die USA und Brasilien sind wegen Wechselfehlern disqualifiziert worden.« Wir konnten die frohe Botschaft zuerst gar nicht glauben. Völlig aufgeregt rannten wir zum Computer. Hatten Amerika und Brasilien wirklich falsch gewechselt? Oder war das Ganze nur ein schlechter Scherz oder ein Gerücht, das sich wie ein Lauffeuer verbreitete? Schließlich die Erlösung: Wir waren Dritter, hatten doch noch Bronze gewonnen. Erst ganz langsam dämmerte uns, dass wir die von uns allen so stark ersehnte Medaille gewonnen hatten. Plötzlich gerieten wir außer Rand und Band, konnten unser Glück kaum fassen und waren nicht mehr zu halten. Unsere Gefühle überschlugen sich. Wir schrien wie von Sinnen unsere unbändige Freude heraus. In dem Moment empfanden wir vier ein wahnsinniges Zusammengehörigkeitsgefühl. Als Einzelsportler fühlt man sich für sich selbst verantwortlich, aber als Team ist das eine ganz andere Sache. Wir klatschten uns ab und tanzten zusammen wie verrückt durch die Katakomben. Wir konnten unser Glück kaum fassen. Unbeschreibliche Emotionen kamen in uns hoch: Freude, Triumph und Stolz. Übermütig sind wir hinaus ins Stadion gelaufen – und da lasen und hörten wir es offiziell: Bei den Amerikanern und den Brasilianern gab es Wechselfehler. Beide hatten sich vor der Wechselzone schon das erste Mal berührt, was verboten ist, und wurden deshalb disqualifiziert. Das war unser großes Glück! Der Tag, an dem ich die Bronzemedaille gewann, war gleichzeitig der Geburtstag meines Vaters. Ein schöner Zufall!

155

Am Ziel der Träume: Die Siegerehrung

Am Abend vor der Siegerehrung war an Einschlafen nicht zu denken. Die Bilder von dem Rennen und alle möglichen Emotionen gingen mir immer wieder durch den Kopf. Das war schon eine Riesensache zu wissen, dass man am nächsten Tag die Medaille bekommt. Schon nach dem Aufstehen flachsten wir herum und machten Späße; wusste man doch, bald war es so weit – und du bekommst die heißersehnte Medaille, von der du so lange geträumt hast, umgehängt. Die Siegerehrung war auf 12 Uhr angesetzt. An diesem Morgen fiel eine zentnerschwere Last von meinen Schultern. Der gewaltige innere Druck, unter dem ich stand, war mit einem Mal plötzlich weg. Ich wollte unbedingt eine Medaille – und jetzt hatte ich eine. Die konnte mir keiner mehr wegnehmen, egal, wie die 400 Meter noch ausgingen. Das, was jetzt kam, war nur noch Zugabe. Deshalb war ich auch nicht so enttäuscht, als ich im 400-Meter-Finale nur Fünfter geworden bin.

Als wir dann mit dem südafrikanischen und dem chinesischen Team auf dem Treppchen standen und die Medaille um den Hals gehängt bekamen, war ich am Ziel angekommen. Als danach die südafrikanische Nationalhymne erklang und das ganze Stadion aufstand, hatte ich Tränen in den Augen. In dem Moment lief in meinem Kopf ein Film ab: Noch im Frühling hätte ich fast mein Knie verloren, und das Karriereaus stand im Raum. Dass ich überhaupt in London dabei war, grenzte schon an ein Wunder. Normalerweise braucht man nach so einer Knieinfektion, wie ich sie hatte, ein Jahr, um den Trainingsrückstand wieder aufzuholen. Ich hatte das nach gerade einmal fünf Monaten geschafft. Und jetzt stand ich auf dem Siegerpodest und hatte eine Bronzemedaille gewonnen. Für mich fühlte sich das wie Gold an! Ich war einfach nur total stolz und überglücklich, dass ich das geschafft habe. Dafür habe ich wie meine Teamkollegen viele Jahre hart trainiert. Das war jetzt der Lohn dafür. Dieses

Glücksgefühl will ich bei den nächsten Paralympics 2016 auf jeden Fall wieder erleben – in Rio. Da muss Gold her!

Schlussfeier in London: Eine Erinnerung für die Ewigkeit

Mit der Schlussfeier war für mich das Kapitel London abgeschlossen. Das Ereignis, auf das ich so lange hintrainiert hatte, war zu Ende. Der enorme Druck war weg, und ich konnte die Stimmung im Stadion entspannt genießen. Jetzt hieß es abschalten, entspannen und Urlaub machen. Von der Schlussfeier ist mir vor allem der sensationelle Auftritt von Cold Play in Erinnerung geblieben. Immer, wenn ich heute deren Musik höre, denke ich an London. Auch die ganze Show mit den Flammen und den Effekten war faszinierend. Wie schon die Eröffnung so war auch die Schlussfeier bewegend. Gänsehaut pur. Eine Medaille war mein Ziel, und das habe ich erreicht. Als das olympische Feuer gelöscht und die olympische Fahne an den Nachfolger übergeben wurde, stand mir bereits deutlich mein neues Ziel vor Augen: Nach den Spielen ist vor den Spielen – die nächsten Paralympics in vier Jahren: Ich will Rio rocken!

Der Start in London war für mich in meinem bisherigen Leben das Größte überhaupt. Alle Behindertensportler arbeiten auf dieses großartige Ereignis hin – das ist der absolute Höhepunkt im Leben eines jeden Athleten. Noch Tage danach war ich völlig elektrisiert. An London werde ich sicher mein ganzes Leben lang wahnsinnig gern zurückdenken. Das ist eine Erinnerung für die Ewigkeit! Eine Erinnerung, von der ich eines Tages noch meinen Enkelkindern erzählen werde.

157

Bruder und Schwester: Ein gutes Team

Besonders toll war es für mich, dass meine Schwester, einer der wichtigsten Menschen in meinem Leben, bei den Paralympics dabei war. Vor London hatte sie es nie geschafft, zu irgendeinem meiner Wettkämpfe zu kommen, denn entweder musste sie arbeiten, oder ich hatte ihr gesagt, sie solle lieber nicht kommen, weil ich dann zu aufgeregt wäre. Beim Vorlauf über 400 Meter war sie das erste Mal im Stadion und erlebte meinen neuen Europarekord hautnah mit. Im Finale saß sie in der vierten Reihe und hat sich die Seele aus dem Leib geschrien und mich angefeuert. Vor lauter Aufregung hat sie sogar vergessen, Fotos zu machen. Ich glaube, sie war noch aufgeregter als ich. Ich habe sie nicht sehen können, dazu war ich viel zu fokussiert und in einem Tunnel. Aber ich wusste, dass sie da war – und das allein zählte. Nicht nur für mich, auch für meine Schwester ging in London ein Traum in Erfüllung, nämlich dass ich fünf Jahre nach dem schrecklichen Unfall mit einer Medaille nach Hause fahren konnte.

In der Nacht nach dem 400-Meter-Finale, meinem letzten Wettkampf, feierten Esther und ich meine Medaille, ihren Geburtstag und dass wir beide zusammen in London waren. Erst waren wir im Deutschen Haus, später zogen wir mit ein paar Leuten aus der Nationalmannschaft und dem Physio-Doc noch in ein Casino neben dem Stadion. Es war schön, dass jemand von meiner Familie dabei war. Meine Eltern konnten nicht mitkommen, weil mein Vater, der damals krank war, fürchtete, die ganze Aufregung nicht ohne Herzinfarkt zu überstehen.

8. Mit Bronze im Gepäck nach Hause

Vor dem wohlverdienten Urlaub in den Arabischen Emiraten zog es mich zuallererst in meine alte Heimat. Als ich an einem lauen Spätsommertag überglücklich mit meiner Medaille im Gepäck aus London zurückkam, erwartete mich vor meinem Elternhaus eine große Überraschung: Mein treuer Moerser Fanclub aus Familie, Freunden, Bekannten und Nachbarn hatte eine Willkommensparty für mich auf die Beine gestellt. An unserer Haustür hing ein selbstgemaltes, buntes Schild mit Glückwünschen. Sie alle hatten bei meinen Wettkämpfen vor dem Fernseher mitgefiebert und mir die Daumen gedrückt. Viele SMS wurden von Moers nach London geschickt, aber während der Paralympics hatte ich weder die Zeit noch den Kopf frei, um darauf zu antworten. Da war ich ausschließlich auf meine Wettkämpfe fokussiert. Alle umarmten mich, gratulierten mir und waren mächtig stolz auf mich, den Jungen aus der Meerbecker Zechensiedlung. Das ist das Tolle in unserem Viertel: Hier herrscht seit meiner Kindheit ein großes Zusammengehörigkeitsgefühl: Wenn es etwas zu feiern gibt, dann feiert man gemeinsam. Und wenn etwas Schlimmes passiert – wie damals nach meinem Unfall –, rückt man zusammen und hilft einander, wo man kann. Jeder wollte die Medaille anfassen oder sie sich umhängen. Heute hat sie einen Ehrenplatz in einer Vitrine im Wohnzimmer meiner Eltern. Dort hängt sie neben meinen anderen Pokalen und Auszeichnungen, bestens bewacht von unserem Boxer Lennox.

Sportler des Jahres 2011 und 2012

Kurz nach den Paralympics wurde ich in Moers zum zweiten Mal hintereinander zum Sportler des Jahres gewählt, mit deutlichem Vorsprung vor meinen Konkurrenten. Dabei konnte ich mich sogar gegen zwei Olympiasieger im Hockey, die ebenfalls aus Moers kommen, durchsetzen. Diese Auszeichnung ist für mich ein Riesending. Sie bedeutet mir auch deshalb viel, weil die Bürger abstimmten und weil bei der Wahl behinderte und nichtbehinderte Sportler gegeneinander antraten. Mittlerweile lebe ich zwar seit fünf Jahren in Leverkusen, aber im Herzen bin ich trotzdem Moerser geblieben. Dass der Behindertensport in Moers so gut angenommen wird, macht mich stolz auf meine Heimatstadt. Auch die positive Resonanz, die ich von den lokalen Sportreportern bekomme, freut mich ungemein. Von Anfang an hat die Moerser Presse meine sportliche Laufbahn intensiv begleitet und über jedes große Sportereignis, an dem ich teilnahm, groß berichtet.

9. Zwei besondere Begegnungen:
»Auf Augenhöhe« mit der hohen Politik

Als Profisportler hat man das Glück, Menschen zu begegnen, die man im normalen Leben niemals persönlich kennenlernen würde. So geschah es im Oktober 2012, als alle Medaillengewinner von London, von den Olympischen Spielen und den Paralympics, nach Berlin zu einem Empfang im Schloss Bellevue eingeladen waren. Vom Bundespräsidenten Joachim Gauck höchstpersönlich das silberne Lorbeerblatt für die sportlichen Verdienste verliehen zu bekommen war schon ein ganz besonderes Erlebnis. Als ich mit den 50 anderen Sportlern über den roten Teppich die Treppen hochging, kam ich mir ein bisschen wie in einem Film vor. Die Kulisse mit dem imposanten Eingangsportal und die Räumlichkeiten in Schloss Bellevue kennt man sonst nur aus dem Fernsehen, wenn hoher Staatsbesuch zu Gast im Amtssitz des höchsten Repräsentanten unseres Staates ist.

Nach Joachim Gaucks Laudatio, bei der mindestens genauso viele Medienvertreter und Fotografen anwesend waren wie Sportler, gab es einen Stehempfang mit Champagner und Finger-Food. Bei dieser Gelegenheit wechselte der Bundespräsident mit jedem von uns ein paar persönliche Worte. Mich fragte er nach meinen schönsten Erinnerungen an London. Ich schwärmte von der wahnsinnigen Atmosphäre im Stadion und dem fantastischen britischen Publikum, das er ja selbst erlebt hatte. Joachim Gauck wirkte sehr sympathisch, auch wenn man ihm anmerkte, dass er gestresst war von all den Terminen, die er täglich zu absolvieren hat. Es war eine ganz besondere Begegnung, mit ihm ein paar Worte zu wechseln. Einen total lockeren Eindruck machte Hans-Peter Friedrich, der als Innenminister auch für den Sport verantwortlich ist. Er war entspannt und wirkte ganz anders als er immer in den Medien rüberkommt. Mit Humor plauderte er über Bären und meinte, dass er auch gerne einmal einen Winterschlaf machen würde.

Kurze Zeit nach dem Empfang im Schloss Bellevue traf ich auf der Handwerksmesse in München unsere Bundeskanzlerin. In meinem Sportdress auf meinen Rennprothesen wartete ich am Stand des Prothesenhandwerks auf den hohen Besuch. Ein Gespräch mit Angela Merkel war allerdings nicht eingeplant, das sah ihr enger Zeitplan gar nicht vor. Unser Stand war komplett abgesperrt; vor ihrem Eintreffen suchten Hunde nach Sprengstoff. Ihr riesiger Begleittross war schon beeindruckend – sie war von mindestens 20 Sicherheitsleuten umgeben, die alles im Blick behielten und überwachten. Ein riesiger Aufwand, aber wohl normal, wenn man die mächtigste Frau auf der ganzen Welt ist. Ich durfte ihr die Hand geben und stellte mich danach an den Rand, um das ganze Geschehen zu beobachten.

Plötzlich, ich dachte, ich sehe nicht richtig, winkte mich Angela Merkel zu sich heran. Sie hatte sich wohl spontan entschieden, mit mir zu reden. Hätte ich mit langer Hose dort gestanden und wären meine Prothesen nicht zu sehen gewesen, wäre es wohl nicht zu einem Gespräch gekommen. Aber so bin ich ihr halt aufgefallen. Sie hat sich aufgeschlossen nach meinem Unfall erkundigt und danach, ob es Barrieren im täglichen Leben gäbe. Sie wollte auch von mir wissen, was mir Probleme bereitet und ob ich Schmerzen habe. Mir kam sie sehr spontan und ausgesprochen sympathisch vor. Ich hatte das Gefühl, dass die Bundeskanzlerin wirklich persönlich an mir interessiert war. Unser Gespräch war nicht für die Medien gedacht.

Behre mit Bundespräsident Gauck im Schloss Bellevue 2012.

Behre trifft 2013 in München Kanzlerin Merkel; in der Mitte: Weltrekordhalter im Weitsprung Markus Rehm, der am rechten Unterschenkel amputiert ist.

10. Im Rampenlicht: Wir brauchen prominente Aushängeschilder

Nach dem Hype um die Paralympics in London und die frenetisch gefeierten »Super Humans« ist genau das eingetreten, was viele befürchtet hatten: Das große Medieninteresse am Behindertensport ist leider wieder völlig verebbt. Auf die Paralympics, die wie die Olympischen Spiele alle vier Jahre stattfinden, sind die Medien, auch die deutschen, richtig heiß. Leider sieht das bei Welt- und Europameisterschaften ganz anders aus. Das ist schade, denn andere Länder bekommen das hin: Bei den Briten ist das Interesse um so vieles größer als bei uns in Deutschland.

Die Berichterstattung über unsere Weltmeisterschaften in Lyon Ende Juli 2013 hat in unseren Medien, bis auf kleine Meldungen am Rande, praktisch nicht stattgefunden. Die Wettkämpfe fanden in einem kleinen Stadion statt, aber die Haupttribüne war mit 5.000 Zuschauern komplett ausverkauft. Das ist für unsere Weltmeisterschaften schon viel Publikum. Ich war zwar wesentlich besser trainiert als vor London, aber kurz vor Lyon hatte ich einmal mehr Pech: Eine Schleimbeutelentzündung machte mir zu schaffen. Hinzu kam, dass ich die neuen Hightech-Federn zwar schon im März bekommen hatte, die endgültige Statik aber erst im Juni gefunden hatte. So hatte ich nur einen Monat Zeit, um mich an die neuen Rennprothesen, die mehr nach vorne gerichtet sind, zu gewöhnen und meinen Laufstil komplett umzustellen. Da fehlte noch einiges an Gefühl. Obwohl ich mit Saisonbestzeit eine Bronzemedaille über 200 Meter gewinnen konnte, war ich enttäuscht, weil es über die 400 Meter nicht wie erhofft klappte. Der Kopf machte mir einen Strich durch die Rechnung. Die Ausbeute in Lyon hätte größer sein können.

Dass man die Zuschauer auch nach dem Spektakel der Paralympics bei der Stange halten konnte, zeigten mal wieder die Briten. Ein Jahr danach, kurz nach der Weltmeisterschaft in Lyon, fanden in London an gleicher Stelle die Anniversary Games statt. Wieder war das Stadion komplett ausverkauft. Die Londoner haben einfach Bock auf den Behindertensport. Das ganze Jahr über feiern sie ihre britischen Sportler mit Handicaps. Nicht nur in der Beziehung können wir uns hier in Deutschland eine dicke Scheibe von den Engländern abschneiden!

Es ist wichtig, dass Menschen mit Handicap, auch Spitzensportler, in der Öffentlichkeit zu sehen sind. Wir haben auch eine Vorbildfunktion für andere behinderte Menschen in unserem Land. Wir können mithelfen, Berührungsängste und Vorurteile abzubauen. Je öfter behinderte Menschen im Fernsehen zu sehen sind, desto normaler wirken sie, und sie werden, wie in den Niederlanden, in Skandinavien und England, nicht mehr im Alltag übersehen. Vielleicht haben die Paralympics in London dazu beigetragen, dass mehr behinderte Menschen sich dem Breitensport zuwenden und dafür hierzulande auch gute Bedingungen dafür geschaffen werden.

Wie viel Öffentlichkeit bewirken kann, habe ich gemerkt, nachdem über mich ein Bericht in »Galileo« kam und ich als Gast bei Bettina Böttinger im »Kölner Treff« und bei Ranga Yogeshwar bei »Quarks & Co« eingeladen war. Wildfremde Menschen kamen in Moers und Leverkusen auf mich zu und trauten sich, mich ohne Hemmungen einfach auf der Straße anzusprechen. Das stört mich überhaupt nicht – ganz im Gegenteil: Es freut mich, wenn sich andere für mich interessieren: Ich erzähle gerne aus meinem Leben und darüber, wie ich mit dem Schicksalsschlag umgegangen bin. Positive Reaktionen auf meine Fernsehauftritte kamen auch von einigen behinderten und nichtbehinderten Sportlern. Danach ist auch eine Menge Fanpost und Autogrammwünsche bei mir angekommen. Ein tolles Gefühl!

Seitdem ich auch während der Paralympics öfter auf dem Bildschirm zu sehen war, nennen mich manche Medien mittlerweile den deutschen Bladerunner, was ich als Kompliment nehme. Vor der Kamera zu stehen macht mir riesigen Spaß; Lampenfieber kenne ich überhaupt nicht. Dass mir die Menschen aufmerksam zuhören, wenn ich meine Geschichte erzähle, gibt mir ein gutes Gefühl. Vielleicht kann ich damit auch anderen Menschen, die einen ähnlichen Schicksalsschlag am eigenen Leib durchgemacht haben, mit meinem Beispiel Mut machen. Und meine Botschaft rüberbringen: Ich liebe mein Leben, so wie es ist. Ein anderes will ich gar nicht haben!

Großes Vergnügen hat mir auch mein erstes Fotoshooting bereitet. Für das Cover des Kalenders »Beautiful Sports« hatte sich der Fotograf Axel Kohring etwas ganz Besonderes als Motiv ausgedacht: Ich laufe ohne Angst nachts auf den Gleisen vor einem Zug. Rechts und links von mir sieht man seine Scheinwerfer. Das mag provokant oder irritierend wirken, spiegelt jedoch meine Einstellung zu dem Unfall bestens wider. Deshalb brauchte ich auch nicht lange zu überlegen, welches Foto von mir auf das Buchcover soll. Ich gehe mit dem Schicksalsschlag und meiner Behinderung offen um und will damit anderen zeigen, dass man sich bloß nicht in einem Loch vergraben soll, aus dem man dann irgendwann vielleicht nicht mehr herauskommt, sondern dass man den Blick nach vorne richten muss und dass das Leben weitergeht. Manchmal sogar schöner als vorher!

11. Gemeinsam ist man stärker:
Freunde fürs Leben

Familie und Freunde bedeuten mir sehr viel. Nach meinem Unfall und in schlechten Zeiten haben sie immer an meiner Seite gestanden und mir geholfen, wieder auf die Beine zu kommen. Mit meinen beiden besten Freunden habe ich schon vor 25 Jahren zusammen im Sandkasten gespielt. Emre und Nico, die noch immer in der Siedlung meiner Eltern in Moers leben, kann ich zu jeder Tages- oder Nachtzeit anrufen, und sie würden sofort bei mir vorbeikommen. Mit ihnen kann ich über alles reden – genauso wie mit Martin, dessen Rückkehr aus den USA wir damals gefeiert hatten, bevor ich den Unfall hatte. Bei seiner Hochzeit war ich später Trauzeuge.

Wahre Freunde zeigen sich in der Not, dieses Sprichwort kann ich nur bestätigen. Auf meine drei Freunde konnte ich mich immer verlassen. Zwischen uns drehen sich die Gespräche glücklicherweise nicht nur um den Sport. Bei ihnen kann ich mich auch mal richtig »auskotzen«. Ich fahre oft am Wochenende nach Moers, um sie zu treffen und mit ihnen etwas zusammen zu unternehmen. Wir sind auch schon oft gemeinsam in den Urlaub gefahren. Dass wir uns bereits ein Leben lang kennen, verbindet natürlich, weil wir viele Erinnerungen teilen können. Auch wenn ich ein vollgepacktes Trainingspensum habe und viel unterwegs bin, ist es mir wichtig, den Kontakt zu Menschen aus meinem früheren Leben nicht zu verlieren. Viele kenne ich seit meiner Kindheit. Das erdet und sorgt dafür, dass man mit beiden Füßen auf dem Boden bleibt und nicht abhebt. Auch mit früheren Schulfreundschaften treffe ich mich regelmäßig einmal im Monat zum Pokern. Viele meiner ehemaligen Klassenkameraden hatten mich damals in Duisburg im Krankenhaus besucht.

12. Auf dem Weg in die Zukunft: Techno-Doping

Auf Sportfesten laufe ich öfter gegen Nichtbehinderte. Dabei habe ich bislang ausschließlich positive Erfahrungen gemacht. Es ist für mich ein ganz besonderer Ansporn, gegen Sportler ohne Handicap anzutreten. Die finden es cool, gegeneinander zu laufen und haben Respekt vor meiner Leistung. Dass sich Behinderte und Nichtbehinderte miteinander messen und dafür Anerkennung bekommen, gibt es in Deutschland noch gar nicht so lange. Das sollte viel öfter passieren; denn durch gemeinsame Sportveranstaltungen werden Hemmschwellen abgebaut, das Miteinander selbstverständlicher und vielleicht sogar der ganze Profisport ein Stück weit menschlicher. Ich weiß allerdings nicht, was passieren würde, wenn behinderte Sportler eines Tages nichtbehinderte schlagen sollten.

Was in all den Diskussion um Techno-Doping immer komplett vergessen wird, ist, welch harter, mit vielen Schmerzen verbundener Weg hinter uns behinderten Sportlern liegt. Die Stümpfe sind es nicht gewohnt, dass ein derart starker Druck auf sie ausgeübt wird; wir müssen bei jedem Schritt einen enormen Druck bis zu einer Tonne aushalten. Das muss die Muskulatur erst einmal aushalten und abfangen können. Wir sind auch viel verletzungsanfälliger, weil die Haut an den Stümpfen schnell reißt, was sehr schmerzhaft ist. Da muss man die Zähne zusammenbeißen und über seine Schmerzgrenze hinausgehen.

Im Vergleich zu mir sind die meisten behinderten Läufer von Geburt an amputiert und nichts anderes gewohnt, als auf Prothesen zu laufen. Dadurch haben sie mir gegenüber einen großen Vorteil – ich habe meine Füße erst mit zwanzig Jahren verloren. Ich könnte auf meinen Stümpfen auch niemals laufen, sonst würden sich meine Knochen durch die Stümpfe bohren. Bei mir muss möglichst wenig Endkontakt zwischen Stumpf und Prothese sein.

Oscar Pistorius hatte seine Teilnahme an den Olympischen Spielen in London vor Gericht bis zur letzten Sportinstanz erkämpft. Ich hatte mich riesig für ihn gefreut. Tests an der Sporthochschule Köln hatten damals ergeben, dass Carbon-Prothesen, mit denen ich auch laufe, keinen Vorteil bringen. Auch ein amerikanischer Biomechaniker kam zu dem Ergebnis, dass sich Vor- und Nachteile aufheben. Mit seinem ersten Start in London hat Oscar Pistorius auf jeden Fall Sportgeschichte geschrieben – als erster Mann auf Prothesen bei einer Olympiade! Er hat eindrucksvoll demonstriert, dass Behinderte das Gleiche leisten können wie Menschen ohne Handicap. Sollte ich die Norm für die Deutschen Meisterschaften schaffen, müsste ich wie er vor Gericht eine Einzelfallentscheidung anstrengen. Seit kurzem werde ich von Biomechanikern an der Sporthochschule exakt untersucht, welche Vor- und Nachteile die Prothesen bei mir bringen. Das ist immer eine Einzelfallentscheidung, weil jeder Mensch anders ist. Ich bin jetzt schon auf das Ergebnis gespannt.

Beim Start haben wir amputierten Sportler eindeutig einen großen Nachteil, nicht nur weil er uns wesentlich mehr an Kraft kostet als einen nichtbehinderten Läufer. Der katapultiert sich mit seinen Sprunggelenken zudem wesentlich explosiver aus dem Startblock als wir mit den Federn, in denen anfangs keine Energie drinsteckt. Die müssen wir erst mal in sie reinbringen. Mit Prothesen braucht man rund 50 Meter, bis man richtig in Fahrt kommt; erst dann kommt die Kraft aus den Federn zurück. Die ersten Schritte müssen wir in einer möglichst hohen Frequenz laufen, um die Feder »aufzuladen«. Auch das kostet uns wesentlich mehr Kraft als einen Nichtbehinderten. Auch die Kurven, in die wir schräg hereinlaufen müssen, sind enorm kräftezehrend, weil wir nicht einfach unsere Sprunggelenke in der Kurve drehen können. Stattdessen müssen wir mit der Hüfte rotieren, um dieses Defizit annähernd auszugleichen. Weil die Belastung nicht über das ganze Bein gleichmäßig verteilt ist, ermüden unsere Oberschenkel, die enorm strapaziert werden, schneller als bei den anderen. Nicht zu vergessen: Wie gesagt lasten bei jedem Schritt einer Tonne Druck auf unserem Körper, der von der Feder ausgeübt wird. Das muss man erst einmal aushalten. Auf 100 Metern hat man eindeutig Nachteile. Bei 400 Metern sieht die Sache etwas anders aus. Wenn wir unseren Rhythmus gefunden haben, dann hat man auf der Zielgeraden einen kleinen Vorteil. Für die ersten 200 Meter brauchen wir mehr Kraft als Nichtbehinderte, auf den letzten 200 Metern etwas weniger. Vor- und Nachteile halten sich die Waage.

Vor meinem Unfall war ich 1,82 Meter; so groß bin ich auch auf meinen Alltagsprothesen. Mit meinen neuen Sportprothesen bin ich jetzt 1,83 Meter groß; vorher war ich auf ihnen vier Zentimeter kleiner. Daran muss ich mich erst noch gewöhnen; denn durch meine neuen Federn musste ich meinen Laufstil ändern und die erforderliche Muskulatur aufbauen, was nicht von heute auf morgen geht. Das braucht seine Zeit. Je kürzer die Prothesen sind, desto höher ist die Schrittfrequenz; zudem sind sie leichter zu beherrschen. Längere Prothesen haben den Vorteil, dass die Schrittlänge wächst. Davon rechne ich mir einen kleinen Vorteil über die 400 Meter aus. Meinen Materialwechsel kann man vielleicht mit einem Stabhochspringer vergleichen, der auf einen härteren Stab umsteigt.

Da die Federn ein bisschen einsinken, wenn man auf ihnen steht, ist diese Größe ideal für mich. Größer will ich auch nicht werden – obwohl ich das nach dem Reglement unseres Verbandes, des International Paralympic Committee (IPC), dürfte. Nach deren Norm könnte ich sogar auf eine Körpergröße von 1 Meter 91 wachsen, was ich aber nicht will, weil ich weder neue Diskussionen um Technodoping auslösen möchte, noch mir die Chance nehmen möchte, eines Tages wie Oscar Pistorius im Nichtbehindertenbereich zu starten.

Bei dem Brasilianer Alan Oliveira sind wir wieder da angelangt, wo wir nicht hinwollten. Am Punkt der leidigen Diskussion um Techno-Doping. Wir behinderten Athleten diskutieren das auch untereinander. Mit seinen Sportprothesen, die ihn um zehn Zentimeter größer machen, als er normalerweise ist, läuft Alan Oliveira uns allen uneinholbar davon. Jeder kann sehen, dass die Proportionen bei ihm nicht stimmen. Das ist zwar nach dem Reglement des IPC erlaubt, aber deren Formel hinkt doch an allen Ecken und Enden. Die muss dringend geändert werden. So wie es jetzt ist, sind das keine fairen Bedingungen. Der Brasilianer macht durch seine unnatürlich langen Federn viel größere Schritte als wir anderen. Der gewinnt pro Schritt locker 30 Zentimeter. Das macht bei drei Schritten fast einen Meter aus. Und bei 400 Metern macht er etliche Meter gut. Obwohl bei ihm viel Technik im Spiel ist, gehört auch viel dazu, auf so extralangen Prothesen zu laufen. Das könnte nicht jeder. Ich wüsste nicht, ob ich die gleichen Leistungen wie er schaffe würde, wenn ich zehn Zentimeter größer wäre. Es ist schon phänomenal, wie Oliveira auf seinen überlangen Federn läuft. Eine Chance, bei den Nichtbehinderten zu starten, hätte er damit sicherlich niemals.

13. Zwei Sponsoren und ein Werbespot: Profisport ist ein Fulltimejob

Vor zweieinhalb Jahren bin ich ins Profilager gewechselt, seitdem kann ich von meinem Sport leben – ein entscheidender Wendepunkt in meinem Leben. Im Februar 2011 lernte ich Rudolf Kayser, den Chef der Unfallversicherungssparte bei der Ergo, auf einer Betriebsveranstaltung persönlich kennen. Nachdem wir beide von Anfang an einen guten Draht zueinander hatten, traute ich mich, ihn ohne Hemmungen zu fragen, ob die Ergo mich nicht sponsern möchte. Danach ging alles recht schnell. Ab Mai wurde die Ergo mein Sponsor – und ich ihr Unfallschutz-Botschafter und Partner in der Produktentwicklung. Für beide Seiten eine optimale Geschäftsbeziehung!

Gelebte Inklusion

Bei unserem Deal muss das Schicksal seine Finger im Spiel gehabt haben; denn mit der Ergo war ich seit meinem tragischen Unfall 2007 durch eine Unfallversicherung verbunden. Ohne die finanzielle Unterstützung der Ergo, die zu der Zeit noch Hamburg Mannheimer hieß, hätte ich mir damals kein neues Leben als Sportler aufbauen können. Von der großzügigen Einmalzahlung konnte ich mir ein schönes, großes Auto leisten. Auch meinen Lebensunterhalt kann ich dank der lebenslangen Unfallrente, die einem ordentlichen Gehalt entspricht und Gold wert ist, finanzieren. Wäre die Versicherung nicht geldmäßig für mich in die Bresche gesprungen, wäre ich damals ein Sozialfall geworden.

Mittlerweile bin ich das Gesicht der Unfall-Sparte in einer Werbekampagne von Ergo, und als Motivationstrainer halte ich Vorträge vor den Mitarbeitern, Vertrieblern und Ärzten; bin als

Inklusions- und Kundenbotschafter eingespannt. Gemeinsam mit deren Kooperationspartnern demonstriere ich, wie man mit Prothesen »ganz normalen« Sport betreiben kann: Wandern, Nordic Walking, Skifahren. Wer könnte den Versicherungskunden auch glaubwürdiger vermitteln, wie wichtig es schon in jungen Jahren ist, eine Unfallversicherung abzuschließen, als jemand wie ich, der das am eigenen Leib erlebt und davon profitiert hat. Ich weiß aus eigener bitterer Erfahrung, wie wichtig es ist, sich schon in jungen Jahren gegen einen möglichen Schicksalsschlag mit einem finanziellen Polster abzusichern. Als Betroffener weiß ich, welche Leistungen man nach einem Unfall braucht und welche Probleme und Bedürfnisse ein Verletzter hat. Aus der beruflichen Zusammenarbeit hat sich längst eine freundschaftliche Verbundenheit entwickelt. Im vergangenen Jahr sind Rudolf Kayser und Manja Liebrenz, die Referentin Unfall Spartenmanagement, eigens nach London geflogen, um mich im Olympiastadion anzufeuern. Vor kurzem habe ich das Schweizer Unternehmen Kinco als zweiten Sponsor gewinnen können.

Dass auch bei uns im Behindertensport alles immer professioneller wird, ist eine tolle Entwicklung, Mittlerweile dürften die ersten fünf oder sechs in der Weltspitze der behinderten Athleten Profisportler sein. Noch vor zehn Jahren wäre es undenkbar gewesen, dass wir Sponsoren finden, Werbeverträge abschließen und von unserem Sport leben können. Zwar sind wir behinderten deutschen Sportler noch lange nicht so prominent wie viele unserer Konkurrenten in ihren Heimatländern, aber es tut sich auch hierzulande etwas. Bis zu der tragischen Nacht im Februar 2013, als Oscar Pistorius seine Lebensgefährtin erschoss, war er der unumschränkte Star im Behindertensport, den man in der ganzen Welt als Vorbild bewunderte. Nach seinem tiefen Sturz wird von den Medien längst ein neuer Held aufgebaut: der Brasilianer Alan Oliveira. Was nicht schaden kann, da die nächsten Paralympics in seinem Heimatland, in Rio de Janeiro stattfinden werden. Da hat ein Brasilianer natürlich das größte Vermarktungspotenzial.

»New standards, new humans«: Werbespot Danske Bank

Im November 2012 habe ich meinen ersten großen Werbespot für die Danske Bank, die größte Bank Dänemarks, gedreht: »New standards, new humans« wird in ganz Skandinavien ausgestrahlt. Es war unglaublich aufregend und hat enormen Spaß gemacht! Für den Werbespot wurde das komplette Olympiastadion in Berlin angemietet. Die Kulisse war überwältigend und der Aufwand gigantisch: Überall waren Kameras aufgebaut, dazu die ganze Logistik, die so ein Dreh erfordert: Regisseur, Kameraleute, Techniker, Catering-Firma. Am Set tummelten sich rund 40 Menschen. Und mittendrin in der ganzen Szenerie lief ich mutterseelenallein in dem riesigen Stadion, im Dunklen, umwabert von künstlichen Nebelschwaden.

Für den Werbespot haben wir viereinhalb Stunden ohne eine einzige Pause gedreht. Irgendwann habe ich aufgehört mitzuzählen, wie viele Male ich auf der Bahn wieder von vorne losgelaufen bin. Zum Schluss sind bei all dem Filmmaterial gerade einmal zehn Sekunden herausgekommen, auf die ich allerdings mächtig stolz bin. Auch meine Schwester, die mich das Wochenende nach Berlin begleitet hatte, war völlig überwältigt. Nach dem Dreh war ich fix und fertig. Es war mittlerweile nachts um halb eins, eine Temperatur von gerade einmal drei Grad – und ich mit nichts am Körper außer einem kleinen Sportleibchen. Von der ersten bis zur letzten Einstellung habe ich mich völlig verausgabt. Der Kräfteverschleiß war nicht geringer als bei einem Wettkampf; denn ich habe bis zum Schluss Vollgas gegeben. Die Aufregung war allerdings nur halb so groß wie vor einem Rennen.

14. Die nächsten Paralympics fest im Blick: Ich will Rio rocken!

Wenn alles gut läuft, werde ich noch bis zu den Paralympics 2020 in Tokio weitermachen. Dann bin ich 34 Jahre alt. Profisport will ich so lange machen, wie er mir Spaß macht und ich Erfolg habe. Sollte das nicht mehr der Fall sein, dann würde ich auch früher aufhören, was ich mir allerdings nicht vorstellen kann. Denn mein Hunger auf neue Rekorde und weitere Siege ist noch immer groß, und ich will noch viel schneller werden. Ich habe bis jetzt bei jedem großen Wettkampf mindestens eine Medaille mit nach Hause gebracht. Aber trotzdem genügt mir das Edelmetall, das ich bis jetzt bei Europameisterschaften, Weltmeisterschaften und den Paralympics gewonnen habe, noch nicht. Genug ist nie genug – ich bin noch lange nicht satt! Man darf als Sportler durch seine Erfolge genauso wenig satt werden wie als »normaler« Mensch. Für mich ist es die schlimmste Vorstellung zu sagen: »Eigentlich habe ich ja schon alles erreicht, jetzt kann ich mich zurücklehnen.« Ich versuche, aus allem das Maximum herauszuholen, ohne dass der Spaß bei aller Anstrengung auf der Strecke bleibt.

Meine Maxime ist es, die Ziele immer hoch anzusetzen; dann traut man sich auch mehr zu. Wenn man sich kleine Ziele setzt, hat man die relativ schnell abgearbeitet und ist mit weniger zufrieden. Das ist nichts für mich. Ich finde, man muss viele kleine Ziele im Leben haben und ein großes, auf das man mit Ausdauer und Ehrgeiz hinarbeitet. Irgendwann wird man das große Ziel dann auch erreichen. Motivation und Ehrgeiz sind die halbe Miete – das ist im Sport nicht anders als im wahren Leben. Mit einer positiven Lebenseinstellung kommt man auch über kleine Wehwehchen, größere Krisen und Schmerzen hinweg.

Einen Traum, den ich mir als Profisportler unbedingt noch erfüllen möchte, sind die Deutschen Meisterschaften. Wie Oscar Pistorius möchte ich mich gerne mit nichtbehinderten Sportlern messen. Das wird schwer genug, weil ich dafür auf 400 Metern die Norm von 48:30 Sekunden schaffen muss. Das heißt, dass ich meine Bestzeit, die bei 51:37 Sekunden liegt, um gut drei Sekunden verbessern muss. Aber von Hindernissen und zu hohen Zielen habe ich mich nach meinem Unfall niemals bremsen lassen. Leider hat der Deutsche Leichtathletik Verband (DLV) bereits durchblicken lassen, dass er sich gerichtlich gegen den Start von behinderten Sportlern bei den nichtbehinderten wehren wird. Das würde mich von meinen Plänen nicht abbringen.

Laut Trainingsleistung hätte ich schon bei den Weltmeisterschaften in Lyon unter 50 Sekunden laufen müssen. Die Zeit nehme ich mir fürs nächste Jahr vor. Wenn ich endlich einmal eine Saison ohne Verletzungspech durchkomme, sollte ich das schaffen. Ich weiß, wie schnell ich bin, und wenn ich jetzt das ganze Jahr mit den neuen Prothesen und der gleichen Statik laufen kann, werden ganz andere Zeiten dabei herauskommen. Ich bin optimistisch, dass ich mich noch gewaltig steigern kann. Im Training laufe ich bereits Zeiten, die ich mit meinen alten Federn nicht geschafft habe. Im Moment hapert es noch daran, diese Leistungen auch im Wettkampf zu bringen. Dass ich die Trainingsleistungen nicht umsetzen kann, hat wohl eher mentale Ursachen. Um den Kopf klarzubekommen, nehme ich mittlerweile auch mentale Unterstützung in Anspruch.

Ein Start bei den Deutschen Meisterschaften hat natürlich auch medial eine ganz andere Aufmerksamkeit als Wettkämpfe behinderter Sportler. Es wäre ein wichtiges Zeichen für alle Behinderten in unserem Land, wenn wir Sportler, wie bei den Paralympics in London, die Chance hätten, im Fernsehen zu zeigen, zu welchen Leistungen gehandicapte Menschen imstande sind. Vielleicht lassen sich andere Behinderte vom Sport anstecken –

es muss ja nicht gleich Leistungssport sein. Mit Sport kann man in jedem Alter anfangen. Leider steht der Deutsche Leichtathletik-Verband dem Start von behinderten Sportlern ablehnend gegenüber.

Mein größtes Ziel sind natürlich die nächsten Paralympics in Rio de Janeiro. 2016 möchte ich unbedingt wieder auf dem Siegerpodest stehen – am liebsten ganz oben! Dafür werde ich alles tun. Alle anderen großen internationalen Wettkämpfe – wie die Europameisterschaften 2014 in Wales und die Weltmeisterschaften 2015 in Doha in Arabien – sind letztendlich nur Zwischenstationen auf dem Weg nach Brasilien. In Rio wird sicherlich wieder ein großes Spektakel mit viel Medienpräsenz stattfinden. Sicherlich ganz anders als in London, mit einer Stimmung, wie man sie vom Karneval kennt. Und da der neue Star Alan Oliveira aus Brasilien kommt, werden die Paralympics bestimmt wieder so ein Publikumsmagnet wie 2012 werden. Eins steht fest: Ich habe noch Großes vor: Ich will Rio rocken!

2012 wurde David Behre von der Stadt Moers zum zweiten Mal hintereinander zum Sportler des Jahres gewählt.

15. Ein Job mit Aussicht:
Botschafter in Sachen Inklusion

Meine berufliche Zukunft habe ich bereits fest im Blick.

Parallel zum Sport möchte ich mir frühzeitig vor meinem Karriereende ein berufliches Standbein aufbauen. Zu warten, bis meine Zeit im Sport spätestens mit Mitte 30 vorbei sein wird, kommt für mich nicht in Frage. Deshalb werde ich nächstes Jahr mit einer Ausbildung zum Sozialfachangestellten beginnen. Die Ergo und ihre Kooperationspartner werden mich bei meinen Zukunftsplänen unterstützen.

Nicht zuletzt durch meine Erfahrungen nach dem Unfall hat sich bei mir die Idee festgesetzt, dass ich mich beruflich der Rehabilitation von Unfallverletzten widmen möchte. Gerade bei jungen Menschen herrscht in diesem Bereich enormer Nachholbedarf. Mein Ziel wäre es, alle Kompetenzen in diesem Bereich zu bündeln und ein Rehazentrum speziell für junge Menschen aufzubauen. Inklusion ist einfach mein Thema. Schon heute bin ich bundesweit unterwegs und halte Vorträge über Rehabilitation vor Ärzten und Studenten. Ich weiß, wovon ich rede, und es macht mir großen Spaß! Nur am Schreibtisch meinen Job zu erledigen, dafür bin ich nicht geschaffen. Ich bin jemand, der gerne redet und mit Menschen zu tun hat.

16. Eine Herzensangelegenheit: Hilfe für Menschen in Not

Unterwegs im südafrikanischen Township

In Südafrika ist mir klar geworden, dass man die Menschen, denen es nicht so gut geht, nicht vergessen sollte. Während meines letzten Trainingscamps im Frühjahr 2012 habe ich zusammen mit Heinrich Popow und einer gemeinsamen Freundin, die dort lebt, an unserem freien Tag ein Kinderheim in einem der vielen Townships besucht. Was ich dort erlebt habe, möchte ich nicht missen.

Bevor wir aufgebrochen sind, hatten wir unser Auto bis unters Dach mit Lebensmitteln, Getränken und Spielzeug vollgepackt. In den Stunden, die wir in dem Slum verbrachten, führten uns die Kinder überall herum und zeigten uns stolz ihr Zuhause. Freudestrahlend nahmen sie unsere Geschenke entgegen. Obwohl wir für sie Fremde waren, hatten sie überhaupt keine Berührungsängste und spielten mit uns. Völlig fasziniert waren sie von unseren Prothesen, fassten sie staunend an und trommelten begeistert auf ihnen herum. Ich weiß bis heute nicht, ob ihnen bewusst war, dass wir Prothesen tragen, oder ob sie dachten, dass vielleicht alle Deutschen solche Beine haben. Ihre glücklichen Augen zu sehen hatte Heinrich und mich sehr berührt. Ihre lachenden Gesichter zeigten, was man leider manchmal vergisst, nämlich, dass Geld allein nicht glücklich macht und im Leben nicht das Wichtigste ist. Wenn wir im November 2013 das nächste Mal mit unserem Bayer-Team ins Trainingscamp nach Südafrika reisen, werden Heinrich und ich auf jeden Fall wieder in den Township fahren, um die Kinder zu besuchen und ihnen finanziell ein bisschen zu helfen. Natürlich vollgeladen mit Geschenken.

Nach meinem Unfall hatte ich so viel Glück, und mir ist so viel Gutes passiert, dass ich anderen Menschen, denen es nicht so gut geht, etwas davon zurückgeben möchte. Ich habe nicht vergessen, dass mir nach dem Schicksalsschlag zahlreiche Menschen auf meinem schweren Weg zurück ins Leben geholfen haben. Ohne deren Unterstützung stünde ich heute nicht da, wo ich bin. Nachdem ich in Südafrika hautnah erlebt habe, was Armut bedeutet, kam mir die Idee, mich für Menschen, die auf der Schattenseite des Lebens stehen, zu engagieren. Gutes kann man überall auf der Welt tun – es gibt so viele bitterarme Regionen, in denen Not und Elend herrscht.

Ein Herz für die Dom Rep

Gemeinsam mit meinem Freund und Manager Pino plane ich eine Charity-Organisation zu gründen. Uns beiden schwebt ein konkretes Projekt in Lateinamerika vor – in der Dominikanischen Republik. In einer der ärmsten Gegenden der Dritten Welt fehlt praktisch alles, was für uns in den reichen Ländern selbstverständlich ist: Schulen, Ausbildungs- und Arbeitsplätze, Krankenhäuser und so vieles mehr, um ein menschenwürdiges Dasein zu führen. Vor allem die Kinder brauchen genug zu essen und eine Schulbildung. Nur so haben sie die Chance, später ihr eigenes Geld zu verdienen, um ihre eigene Existenzgrundlage aufzubauen und aus dem Teufelskreis der Armut ausbrechen zu können. Überall in der Dominikanischen Republik fehlen Ärzte und Krankenhäuser, so etwas wie eine medizinische Grundversorgung gibt es dort nicht einmal ansatzweise. Es wäre schön, wenn ich einige Ärzte, mit denen ich befreundet bin, dafür gewinnen könnte, dort eine Zeitlang ehrenamtlich zu arbeiten. Vielleicht ließen sich auch Medizinstudenten dafür begeistern, die dort ihr praktisches Jahr absolvieren, oder Freiwillige, die beim Aufbau von Schulen oder Krankenstationen helfen. Besonders am Herzen liegt mir natürlich, dass auch für die behinderten Menschen dort etwas getan wird. Dadurch, dass ich selbst keine Füße mehr habe, könnte ich den Einheimischen, die ein Handicap haben, zeigen, was man trotzdem alles im Leben erreichen kann.

Mir schwebt vor, nicht nur in Deutschland Gelder für dieses Projekt zu sammeln und prominente Unterstützer zu finden, sondern vor Ort selbst mit anzupacken. Es gibt so Vieles, was dort aufgebaut werden muss, und da ich in der Waldorfschule handwerklich einiges gelernt habe, würde ich gerne praktisch mithelfen. Zudem würde ich auch sichergehen wollen, dass die Spenden dort auch zu hundert Prozent ankommen und in die richtigen Hände gelangen.

Der verstorbene Formel 1-Pilot Ayrton Senna ist in dieser Hinsicht ein großes Vorbild für mich. Er engagierte sich persönlich für zahlreiche soziale Projekte, besuchte Slums in seiner brasilianischen Heimat, um sich selbst davon zu überzeugen, was dort von seinen Spendengeldern an Projekten auf die Beine gestellt wurde. Ayrton Sennas sozialen Einsatz finde ich bewundernswert. Ähnliches schwebt mir für die Armen in der Dominikanischen Republik vor.

17. Schwarzer Humor:
Wenn anderen das Lachen vergeht

Mit meinen Prothesen habe ich auch schon allerhand lustige Episoden erlebt. Ein paar Wochen nach dem Krankenhaus war ich abends mit ein paar Freunden auf einer Kneipentour unterwegs. Auf einmal hatte ich das Gefühl, auf irgendetwas drauf zu treten. Plötzlich gab es einen ohrenbetäubenden Knall. Automatisch ging mein Blick nach unten. Als ich an meinen Beinen herunterblickte, sah ich, dass die Prothesen völlig schief saßen – sie waren komplett durchgebrochen. Ein Freund musste dann das Auto holen, weil ich die Dinger verloren habe.

Ein anderes Mal hatte ich zusammen mit meiner Mutter einen Termin bei meinem Bankberater. Als wir in der Bank zu dritt eine Treppe hochgingen, drehte ich mich um und blieb blöderweise an einer Stufe hängen. Die komplette Prothese polterte krachend die Treppe hinunter, und der Fuß blieb einfach an Ort und Stelle stehen. Den verdutzten Blick des guten Mannes, der nicht wusste, dass ich Prothesen trage, werde ich nie vergessen. Meine Mutter reagierte ganz cool: Ohne viel Aufsehen hob sie meine Prothese einfach auf, kam zu mir und drückte sie mir in die Hand. Ohne eine Miene zu verziehen, zog ich sie wieder an und ging, als wenn nichts geschehen wäre, weiter nach oben.

Im Flugzeug kann es ganz praktisch sein, wenn man Prothesen trägt, zumindest wenn man Business-Class fliegt. Wenn ich meine Prothesen ausziehe, kann ich es mir in den großen Sitzen mit meinen 1,45 Meter so richtig bequem machen. Wie im Bett kann ich mich entspannt im Liegen zusammenkauern und entspannt schlafen.

Manchmal schockiere ich auch ganz gerne damit, dass ich keine Füße mehr habe. Als ich vor ein paar Jahren meine jetzige Wohnung mit einem Freund, der ebenfalls amputiert ist, besichtigt habe, pries uns der Makler zum Schluss in den höchsten Tönen die Fußbodenheizung als besonderes Highlight des Mietobjektes an. Daraufhin krempelte ich spontan ein Hosenbein meiner Jeans hoch und zeigte ihm meine schöne Prothese. Mit ernster Miene sagte ich trocken: »Ich habe aber keine Füße mehr.« Dem guten Mann fiel die Kinnlade herunter, er war sprachlos. Den Schock musste er erst einmal verdauen. Er ging an die frische Luft und rauchte zur Beruhigung seiner Nerven erst einmal eine Zigarette. Nachdem er sich gefangen hatte, kam er wieder herein und meinte kurz und knapp: »Ihr könnt die Wohnung haben, obwohl es viele andere Bewerber dafür gibt.« Da hatte ich mit meiner Behinderung ja richtig gepunktet!

Mit Heinrich Popow, der mit mir bei Bayer Leverkusen zusammen trainiert, wohnte ich dann zwei Jahre zusammen in der schönen Wohnung mit Fußbodenheizung. So lange, bis meine damalige Freundin einzog.

Zum Schluss:
Das Leben ist ein wertvolles Geschenk

An den 8. September 2007, dem Tag, an dem ich dem Tod nur knapp entronnen bin und meine beiden Unterschenkel verloren habe, denke ich auch heute noch oftmals zurück. Dieser Tag, der mein Leben mit einem Schlag für alle Zeiten verändert hat, ist ein ganz wichtiges Datum für mich, wie ein zweiter Geburtstag. Immerhin tendierte meine Überlebenschance nach Meinung der Ärzte gegen Null. An diesem besonderen Tag vergessen meine Eltern nie mich anzurufen; meine Schwester und meine engsten Freunde schicken mir immer eine SMS. Ich freue mich, dass mich meine Angehörigen nicht auf dem Friedhof besuchen müssen, sondern mich im Fernsehen sehen und stolz darauf sein können, dass ich auf meinen eigenen beiden Beinen fest im Leben stehe und viel erreicht habe.

Nach meinem furchtbaren Unfall hat es das Schicksal gut mit mir gemeint: Dass ich überhaupt überlebt habe, ist das größte Wunder. Dass mich mehrere Stunden danach Frau Mehlan gefunden hat, ist das zweite. Und dass ich in den letzten sechs Jahren eine steile Karriere als Profisportler geschafft habe, das dritte Wunder.

Heute denke ich nicht mit Grauen zurück, sondern mit einem dankbaren Gefühl, dass sich mir danach viele neue Wege eröffnet haben, die es vorher nicht gab. Mein großer Traum vom Profisport hat sich nach dem Unfall erfüllt – zwar nicht im Motocross, aber dafür habe ich im Laufen eine neue Leidenschaft gefunden. Der Sport hat mir innere Kraft, Ruhe und ein neues Selbstbewusstsein gegeben.

Dass meine Familie und meine Freunde in den schwärzesten Stunden meines Lebens immer an meiner Seite waren und mir

Mut zugesprochen haben, werde ich niemals vergessen. Genauso wenig wie alle anderen Menschen, die mir auf meinem schweren Weg zurück ins Leben geholfen haben. Ihnen allen bin ich sehr dankbar; denn allein stünde ich heute sicherlich nicht da, wo ich bin. Die Operationen, Rückschläge und Verletzungen haben mich letztendlich zu einem stärkeren Menschen gemacht, der gelernt hat, auch dann nicht aufzugeben, wenn die Umstände rabenschwarz sind. Ich freue mich auf meine Zukunft. Das Leben ist schön und ein wertvolles Geschenk – egal ob man behindert ist oder nicht!

Dank

Mein tief empfundener Dank gilt den Menschen, die mir in schweren Zeiten zur Seite gestanden haben. Ohne sie würde ich heute nicht wieder mit beiden Beinen im Leben stehen. Ein weiterer Dank geht an alle, die mich auf meinem Weg in den Profisport unterstützt haben. Von Herzen danke ich:

meinen Eltern Brigitte und Matthias Behre
meinen Schwestern Esther Behre und Nanne
meiner Lebensretterin Evelyn Mehlan
meinen Freunden Nico, Emre, Martin, Timur, Jonas, Friedel, Georg, Moritz und Britta
meinem Trainer Karl-Heinz „Kalle" Düe
meinem Freund und Trainingskollegen Heinrich Popow
meinen Ärzten Dr. Farid Puralikan und Dr. Daniel Schwarze, meiner Physiotherapeutin Regine Stelzhamer und dem gesamten Ärzte- und Pflegeteam der Berufsgenossenschaftlichen Unfallklinik Duisburg (BGU)
Dr. Tobias Fabian und Dr. Sven Shafizadeh vom Krankenhaus Köln-Merheim
Dr. Hannes Müller-Ehrenberg und Dr. Maren Pachutani
Thomas Kipping und Benjamin Born, meinen Orthopädiemechanikern von der Firma APT
Jörg Frischmann, dem Geschäftsführer der Behindertensportabteilung beim TSV Bayer 04 Leverkusen
Rudolf Kayser und Manja Liebrenz von der Ergo
Pino Mancuso
Bettina Böttinger für ihr tolles Vorwort
und meiner Freundin Carola für die wunderbare Zusammenarbeit

David Behre

Mein persönlicher Dank geht an David, der mir seine Lebensgeschichte und seine Freundschaft geschenkt hat, an Peter Gajetzki, meine Eltern, Susanna und Helmut Schöndube, an Ingo Fulfs, die das Manuskript mit ihren klugen Anmerkungen begleitet haben, an Lena Rocholl, die sämtliche Interviews mit Engelsgeduld transkribiert hat, an unseren Lektor Peter Schäfer für die tolle Zusammenarbeit und an Bettina Böttinger für ihr persönliches Vorwort und mehr.

Carola Schöndube

Bibliografische Information der Deutschen Nationalbibliothek

Die Deutsche Nationalbibliothek verzeichnet diese Publikation
in der Deutschen Nationalbibliografie; detaillierte bibliografische
Daten sind im Internet über https://portal.dnb.de abrufbar.

Verlagsgruppe Random House FSC® N001967
Das für dieses Buch verwendete FSC®-zertifizierte
Papier *Munken Premium Cream* liefert
Arctic Paper Munkedals AB, Schweden.

1. Auflage
Copyright © 2013 by Gütersloher Verlagshaus, Gütersloh,
in der Verlagsgruppe Random House GmbH, München

Dieses Werk einschließlich aller seiner Teile ist urheberrechtlich geschützt.
Jede Verwertung außerhalb der engen Grenzen des Urheberrechtsgesetzes ist
ohne Zustimmung des Verlages unzulässig und strafbar. Das gilt insbesondere
für Vervielfältigungen, Übersetzungen, Mikroverfilmungen und die Einspeicherung und Verarbeitung in elektronischen Systemen.

Coverfoto: © Axel Kohring / BEAUTIFUL SPORTS
Druck und Einband: GGP Media GmbH, Pößneck
Printed in Germany
ISBN 978-3-579-06633-2

www.gtvh.de